Choisir le bonheur

Choisir le bonheur

Cellulaire : 514-913-0112
Courriel : sylvainroy9@videotron.ca
Facebook perso : Sylvain Roy PNL
Facebook professionnel : Sylvain Roy Coach

Dépôts légaux :
Bibliothèque et Archives nationales du Québec, 2025
Bibliothèque et Archives nationales Canada, 2025
ISBN version imprimée : 978-2-9824432-0-4

Imprimé au Canada

Mise en page : Émilie Côté
Révision linguistique et correction de l'épreuve : Dominique Langlois

Choisir le bonheur

Sylvain Roy

Table des matières

Préface

Il y a des livres qu'on lit… Et d'autres que l'on ressent.

Ce livre en est un. Il parle à notre cœur, à notre humanité, avec douceur, sincérité… et, surtout, avec authenticité.

Je connais Sylvain depuis peu, mais dès nos premiers échanges, j'ai senti la profondeur de son être. Il est enraciné, vrai, lumineux, sans jamais chercher à impressionner. Il incarne ce qu'il transmet : un bonheur simple, accessible, loin des artifices.

Ancien policier, il a côtoyé de près la noirceur humaine, les drames, les douleurs, les abus. Il a vu l'envers de la paix. Et pourtant, dans ce livre, il choisit d'aborder le bonheur.

Ce n'est pas un bonheur naïf ou artificiel. C'est un bonheur lucide, conscient, courageux. Un bonheur qui ne nie pas les ombres, mais qui choisit de se tourner résolument vers la lumière, de semer des graines de joie là où, souvent, on ne les attend pas.

Ce que j'admire chez lui, c'est sa capacité à réunir, à guider avec bienveillance, à poser des mots justes sur des vérités profondes. À travers ce livre, il nous offre une boussole. Pas un manuel rigide ou théorique, mais un chemin vers plus de joie, de liberté intérieure, d'équilibre.

Avec des images claires, des réflexions puissantes et une grande humanité, Sylvain nous rappelle que le bonheur n'est pas à l'extérieur, ni dans les grandes réussites, mais dans les petits gestes, la présence, la conscience et l'amour de soi.

Ce livre est un compagnon de route.

Un souffle de sagesse pour ceux et celles qui veulent se retrouver.

Et surtout, une invitation à être, pleinement.

Le cadeau de ce livre ?

C'est un appel vibrant à choisir la vie, à choisir le bonheur, non pas comme un idéal inatteignable, mais comme un art de vivre, un choix quotidien, un état d'être.

Merci, Sylvain, d'oser être cet homme de cœur, lumineux et profondément humain.

Et merci à toi, cher lecteur, chère lectrice, de t'offrir ce moment avec lui. Que ces mots t'accompagnent, te bousculent peut-être, mais surtout t'ouvrent un espace intérieur où le bonheur pourra doucement s'installer.

Avec tendresse et gratitude,

Geneviève Young ♥

Introduction

Welcome to my life (bienvenue dans ma vie), comme le titre d'une chanson de mon groupe de musique préféré, Simple Plan.

Ce livre est un deux-en-un : une première partie, plus courte et plus biographique, où tu apprendras à me connaître à travers mon parcours atypique – afin de comprendre qui je suis et, je l'espère, d'y trouver une source d'inspiration pour toi à travers les moments clés de mon existence.

Par la suite, je te partage mes meilleurs outils et renseignements utiles pour que tu puisses, toi aussi, vivre davantage de bonheur.

J'ai écrit ce livre pour tous ceux qui veulent être davantage dans le bonheur, l'amour, la joie et la paix. C'est à l'âge de 18 ans que j'ai commencé mon éveil de conscience en me remettant en question, lorsqu'on m'a parlé au cégep de la célèbre phrase de Socrate : « Connais-toi toi-même. »

À partir de ce moment porteur de sens pour moi, beaucoup de questions existentielles me ramenaient inévitablement vers le bonheur. La première question était : « Comment vivre le plus souvent dans le bonheur ? » La seconde, qui revenait très souvent, pour moi qui avais décidé que ma mission de vie était d'aider les gens, portait plutôt sur ceci : « Comment le partager aux autres afin que ceux-ci puissent également vivre le plus souvent possible dans le bonheur ? ».

Ça fait donc presque 40 ans que je vis dans le bonheur et que je mets tout en œuvre pour le partager avec mon entourage. Et depuis plus de 8 ans, je le transmets aussi à mes clients en coaching individuel ou de groupe, en présentiel ou en virtuel.

Tu ne seras donc pas surpris d'apprendre que je suis devenu *bonheurologue*. L'objectif de mon livre est de te permettre de vivre davantage dans le bonheur, et c'est pour cela que tout au long de ce livre, mes meilleurs outils qui m'ont permis d'abord à moi, puis à mes clients, de vivre épanouis et plus heureux te sont révélés.

J'aurai atteint mon but si tu retiens un élément de la lecture de ce livre que tu mettras en pratique et qui te sera éternellement bénéfique. Mon souhait le plus sincère est que tu en retiennes bien plus encore, car chaque chapitre pourra t'inspirer, te confirmer ou te rappeler des notions dont tu doutais ou que tu avais oubliées. Ou encore, cela t'apportera de nouvelles perspectives afin d'être davantage dans le bonheur.

Afin d'y arriver, je te suggère de souligner les passages importants pour toi ou, simplement, de les retranscrire dans un cahier à cet effet.

Pour maximiser les prises de conscience, je t'invite à répondre aux questions qui te seront posées au fur et à mesure de ta lecture. Avec tout mon cœur et mon bonheur, je te souhaite bonne lecture !

1

La détermination : quand on veut, on peut !

Comme bien des jeunes à l'école secondaire à qui on demande de décider de leur avenir alors qu'ils se connaissent à peine, je n'avais absolument aucune idée du métier que je voulais exercer plus tard. J'allais à l'école parce qu'il le fallait, faisant le strict minimum pour y rester. Ma vision s'arrêtait là.

J'étais un enfant très timide et introverti qui passait inaperçu. Mes modèles familiaux ne m'avaient guère stimulé à me projeter dans une dynamique d'apprentissage et d'accomplissement. Mes parents ne prenaient que peu de place sur les plans physique et psychologique afin d'éviter de déplaire et de déranger.

Ne te méprends pas, mes parents étaient de bons parents, je n'ai manqué d'absolument rien. J'ai même eu la chance de vivre une enfance privilégiée. Mais il reste qu'ils avaient tous deux quitté l'école à la fin du primaire et s'affirmaient très peu. Même parmi mes oncles, mes tantes, mes cousins et mes cousines plus vieux, rares étaient ceux qui avaient poursuivi leurs études au-delà du secondaire. La valeur accordée à l'éducation occupait peu de place au sein de notre famille.

Ma timidité a eu ça de bon : ma nature plutôt introvertie faisait en sorte que j'observais constamment les autres, voire percevais ce qu'ils ressentaient. Du même coup, ça générait beaucoup de questions. C'est donc après avoir passé les quatre premières années du secondaire à observer, à ressentir et à me poser une foule de questions que j'en suis venu au constat suivant : ce que je voulais dans la vie, c'était aider les gens.

C'est ainsi qu'en cinquième et dernière année du secondaire, une nouvelle étape s'est imposée à moi : je devais choisir une carrière, si jeune encore, et comprendre comment je pourrais aider le plus de gens possible. Après plusieurs heures de réflexion, il restait trois choix sur la table. Le premier : devenir policier. Le second, un peu dans la même famille : devenir pompier. Le troisième, en revanche, était totalement distinct des deux premiers. Il s'agissait du métier d'éducateur en garderie. Ça peut sembler drôle, en comparaison aux choix précédents, mais cette option-là découlait du fait que j'adorais les enfants. Devenir éducateur en garderie permettait non seulement de contribuer à leur bonheur, mais aussi à celui de leurs parents.

Après mûre réflexion, pour la première fois dont je me souvienne, j'écoutais ma petite voix qui me disait que le métier de policier était mon premier choix. Puis je suis allé voir l'orienteur pour lui demander ce qu'il en pensait. D'entrée de jeu, il ne s'est pas montré très optimiste. Il m'a dit que mes notes étaient trop faibles, notamment en mathématiques, ce qui, selon lui, m'empêcherait d'être accepté dans ce programme. Quelle déception !

Je suis retourné chez moi, pensif. Comment réagir à cela? Il avait raison, mes notes étaient médiocres en mathématiques, et je n'avais d'ailleurs jamais déployé d'efforts pour réussir quelque matière que ce soit à l'école. La réalité me frappait de plein fouet. Me fallait-il conclure que cette option n'était pas pour moi? D'un autre côté, ce métier m'interpelait vivement, car rien ne m'avait encore intéressé à ce point. Ce n'était pas pour rien que j'en avais fait mon premier choix! N'était-ce pas un signe que cette option m'était destinée? Mes pensées se bousculaient, et je ne savais plus comment les interpréter. Me résigner sagement et baisser les bras, ou m'obstiner et foncer? J'ai donc pris la décision de dormir là-dessus. Ma mère m'avait tellement répété que la nuit porte conseil.

Tôt le lendemain, j'ai ouvert les yeux, plein d'énergie. Après m'être levé et habillé, j'ai fait ma toilette en un rien de temps. Je suis sorti de ma chambre pour aller déjeuner, mais, avant de m'asseoir à table, je me suis dirigé vers ma mère. Ma mère et son précieux conseil. Je l'ai serrée dans mes bras. Puis, sans explication, je l'ai laissée là, figée de surprise, et, un sourire fendu jusqu'aux oreilles, je suis allé prendre place à table, face à mon père. Il a déposé sa rôtie dans son assiette et m'a fixé, visiblement intrigué par mon manège.

« Eh bien, dis donc, tu as l'air en forme ce matin, mon gars! Qu'est-ce qui se passe? Tu as quelque chose à me dire? »

« Oui, exactement! Quelque chose de très important, même. Et j'ai besoin de ton aide... Papa, je veux devenir policier. J'ai vu l'orienteur hier et, le problème, c'est que mes notes en mathématiques ne sont pas assez bonnes. Selon lui, je ne serai pas accepté et je ferais mieux d'abandonner cette idée. Mais là, je me rends compte que je ne veux pas abandonner. Je crains de passer à côté de ma vocation.

Alors allons ensemble visiter le Collège Ahuntsic, où se donne le programme de techniques policières. J'aimerais qu'on rencontre le responsable du programme pour le convaincre de m'accepter! »

« Bon... comment refuser devant une telle détermination? Ok, on ira voir ça demain. »

Ma mère avait raison. La nuit porte conseil. Aucune idée de la magie qui avait bien pu opérer pendant mon sommeil, mais je venais de me découvrir une détermination insoupçonnée et, à partir de ce moment, plus rien n'a pu m'arrêter.

Le lendemain, comme promis, mon père m'a amené au collège. Pour la première fois, je ne ressentais ni gêne ni timidité. J'avais un plan. Il était clair qu'il n'en tenait qu'à moi de le réaliser. Tandis que l'auto filait sur la route, mon regard se posait sur les maisons qui défilaient derrière la vitre. Je me récitais les derniers vers de la fable *La cigale et la fourmi* qui passaient en boucle dans ma tête comme pour me donner une leçon... « Nuit et jour à tout venant. Je chantais, ne vous déplaise. Vous chantiez? J'en suis fort aise. Eh bien! Dansez maintenant. » Pour moi, fini le temps de me la couler douce aux études. Je devais maintenant y mettre les efforts nécessaires.

Nous sommes donc arrivés au Collège Ahuntsic de Montréal. Sous un ciel bleu éclatant et un soleil splendide, je suis sorti de la voiture, puis, d'un pas décidé, je me suis dirigé vers le bureau d'admission des futurs étudiants. Sur place, le responsable nous a fait entrer dans son bureau et a refermé la porte derrière nous. Il nous a priés de nous asseoir, mais j'ai décidé de rester debout pour lui exposer ma demande. Cela me donnait du courage. J'ai attaqué le sujet sans plus attendre.

> « Monsieur, ma présence aujourd'hui démontre mon désir de devenir policier. J'ai la profonde conviction que j'excellerais dans ce métier. J'en ai même parlé avec l'orienteur de mon école pour recueillir des renseignements et alimenter ma réflexion. Mon problème, c'est qu'il a tenté de me décourager à cause de mes résultats en mathématiques. Il n'a pas totalement tort sur ce point, mais en comparaison avec tout ce que je pourrais apporter à ce métier et aux gens qui ont besoin d'aide, c'est bien peu important, vous ne trouvez pas ? Je suis déterminé, Monsieur, et je vous jure que je réussirai si vous acceptez de m'intégrer au programme ! »

L'homme s'était calé au fond de sa chaise pour écouter mon plaidoyer. Les mains croisées sur le ventre, il me fixait maintenant d'un regard clair, un léger sourire en coin. Après quelques secondes de silence qui m'ont paru une éternité, il s'avança sur son siège en posant les mains sur son bureau.

> « Très bien, mon garçon, serais-tu prêt à suivre des cours de mathématiques pendant l'été ? »

> « … des cours d'été en maths ? C'est tout ce que vous me demandez ? Mais oui, bien sûr que j'accepte ! Monsieur, c'est ma carrière et mon avenir qui sont en jeu ! »

L'homme a ri en me tendant les formulaires d'inscription, avant de m'inviter à sortir.

Mon père et moi avons quitté les lieux, en marchant côte à côte d'un pas rapide. Je tenais les formulaires bien serrés contre ma poitrine, à la fois pour ne pas les échapper et pour tenter de calmer mon cœur emballé. Mon père demeurait bouche bée de m'avoir vu exposer mon désir avec autant d'assurance et de détermination. En embarquant dans l'auto, il m'a enfin dit : « Félicitations, mon fils, je suis fier de toi. Tu vas bien réussir, je le sens. » J'étais béni.

Comme prévu, j'ai suivi les cours de mathématiques pendant l'été et j'ai obtenu une moyenne de 86 %. Du jamais vu dans mon cas ! J'ai donc amorcé mes études collégiales avec le plus grand sérieux. Il n'était plus question pour moi de me satisfaire de résultats médiocres. Fini les folies. J'étais infiniment reconnaissant envers cet homme qui avait accepté de me donner ma chance, ce que je me promettais d'honorer, coûte que coûte.

Pendant les trois ans d'études en techniques policières, j'ai déployé tous les efforts possibles. La totale. J'étudiais sans arrêt, littéralement. C'était nouveau pour moi comme discipline, alors je m'étais trouvé un moyen pour y arriver : je m'attachais à ma chaise de travail avec ma ceinture jaune de judo ! Comme ça, quand une distraction me détournait de mes études, le poids de ma chaise me ramenait vite à l'ordre. Le truc fonctionnait bien, mais au fil du temps, mon énergie baissait… puis me tirait vers le bas. Jusqu'au jour où une amie m'a invité à aller au cinéma, me suggérant qu'une pause d'études me ferait sûrement le plus grand bien. Mon premier réflexe a évidemment été de refuser. Cinq heures sans étudier ? C'était impensable ! J'étais effrayé par l'idée de rompre le pacte que j'avais conclu avec moi-même et de revivre l'époque de mes mauvaises notes. Ma réussite me tenait tellement à cœur ! Mais mon amie a insisté et j'ai fini par accepter. En vérité, j'en avais tellement besoin !

Le lendemain, à mon réveil, je me sentais tout frais et dispo. Ça ne m'était pas arrivé depuis longtemps ! Ma performance scolaire était supérieure aux semaines précédentes. Cette petite pause toute simple m'avait permis de refaire le plein d'énergie. Le film n'est pas resté dans mes souvenirs, et ça a bien peu d'importance, car cette soirée-là m'a évité un burnout et m'a permis de comprendre une chose bien importante : **l'équilibre**. L'équilibre, dans toute chose, est ce qui nous permet de vivre de manière optimale.

Ces trois années d'études ont été intenses, certes, mais ô combien gratifiantes. Sur les 220 demandes d'admission au programme, 110 avaient été retenues. Et sur 110 étudiants, nous n'avons été que 10 à réussir tous les cours sans échec ni abandon. Nul besoin de dire à quel point j'étais fier et reconnaissant de faire partie de ce petit groupe ! À tel point qu'en me rendant compte que j'allais devenir policier, j'ai conclu un autre pacte avec moi-même, mû par la gratitude. Je me suis juré de faire du bénévolat pendant tout le reste de ma vie. Je n'avais pas oublié mon vœu d'aider les gens, cette quête qui était née à la fin du secondaire, et qui m'avait mené jusqu'au corps de police. J'étais infiniment reconnaissant envers ceux qui avaient cru en moi. Mais je comprenais du même coup que, pour aider les gens, il fallait savoir s'aider soi-même. Je venais de me prouver que j'en étais capable.

Ma carrière de patrouilleur a débuté à Amos, en Abitibi. Cela pouvait sembler loin pour un jeune Montréalais, mais j'étais heureux de me mettre enfin à l'ouvrage et de me rapprocher de ma quête.

Très rapidement, les secrétaires et la policière en poste ont remarqué ma dimension humaine particulièrement développée. On s'est donc mis à me déléguer les appels de victimes et de gens aux prises avec divers problèmes mentaux, dont la dépression. De toute manière, j'étais le premier à lever la main pour avoir l'occasion de m'occuper de ces cas. J'adorais ça.

Un jour, j'ai reçu l'appel d'une femme dans la quarantaine qui luttait contre de lourds symptômes de dépression. Lorsque je suis arrivé sur place, dans un village près d'Amos, la femme me raconta qu'elle n'en pouvait plus de vivre avec le deuil de ses deux frères décédés subitement d'un arrêt cardiaque à l'aube de la cinquantaine. Ils étaient de la même tranche d'âge qu'elle et habitaient sur le même rang depuis toujours. En plus de ressentir ce profond chagrin, la dame craignait aussi que son heure approche. J'ai écouté attentivement tout ce qu'elle avait à me dire, puis je lui ai proposé d'envisager de quitter l'endroit pour venir s'établir en ville, à Amos, avec son mari, question de sortir du cadre qui lui rappelait les drames récents.

Six mois plus tard, alors que je tenais un kiosque d'information sur la prévention du crime en plein centre commercial, à Amos, qui est-ce que je vois venir vers moi ? La femme et son conjoint, l'air radieux. Ils étaient là par hasard et, en passant devant le kiosque, ils m'avaient reconnu.

« Sylvain, quelle belle surprise ! Tu sais, on pense souvent à toi ! Tu n'as pas idée à quel point ton intervention a changé notre parcours ! Nous avons suivi ton conseil et vendu la maison. Nous sommes tellement heureux maintenant ! Nous nous portons à merveille dans notre nouvelle vie. Un gros merci à toi ! »

La gratitude que je ressens dans ce genre de moment est inestimable. Le fait de pouvoir aider des gens coincés dans une situation semblable me remplit de bonheur. C'est de loin ma plus belle récompense – encore plus gratifiante que mon salaire.

En plus de mon travail, à Amos, j'avais rapidement trouvé un moyen de m'impliquer bénévolement dans mon nouveau patelin. Ça a été d'ailleurs été très facile. L'Abitibi est une région éloignée et le taux de suicide y est particulièrement élevé. J'avais donc choisi de m'inscrire à une formation en prévention du suicide se déroulant sur trois fins de semaine. Cela m'a permis de devenir intervenant, par l'intermédiaire d'une ligne téléphonique, et je jure qu'elle ne dérougissait pas !

Au fil des ans, pour satisfaire mon besoin d'aider sur une base volontaire, j'ai participé à des guignolées, notamment à la place Émilie-Gamelin, à Montréal, où on distribuait des vêtements et de la nourriture aux gens dans le besoin. Je me suis également impliqué dans une maison d'entraide soutenant les gens démunis et auprès des sans-abris, avec qui je passais un moment autour d'un repas. J'ai d'ailleurs compris à quel point ces visites étaient importantes pour moi le soir où, après avoir passé une bonne partie de l'après-midi à échanger avec des itinérants, je suis allé rejoindre mes amis dans un bar très populaire. Après seulement quelques minutes dans cet endroit, je m'étais surpris à trouver le temps long à force de regarder les filles soi-disant sexy et trop maquillées, reluquées par les gars qui riaient trop fort pour se faire remarquer. Tout cela m'ennuyait. Je m'étais alors mis à me remémorer les conversations profondes et touchantes que j'avais eues plus tôt dans la journée. Le contraste entre les deux atmosphères me faisait prendre conscience que je préférais de loin les échanges que m'offraient mes amis itinérants au tourbillon superficiel des bars de rencontre !

Je me suis aussi impliqué pendant plusieurs mois comme accompagnateur dans des groupes de partage pour hommes. Les réunions se passaient dans deux villes différentes, à raison d'un soir par semaine. Dans un cas, j'assistais un psychiatre et dans l'autre, un thérapeute. Une expérience des plus enrichissantes. De voir ces hommes de tous les styles et de tous les milieux venir raconter leurs problèmes m'a fait prendre conscience du nombre de gens qui souffrent sur une base quotidienne. Depuis, il m'arrive régulièrement d'offrir une oreille bienveillante à tous ceux de mon entourage dont le travail est d'aider les gens – psychologues, sexologues, thérapeutes, infirmières, enseignants et même parents ! Je les écoute et les soutiens dans tout ce qu'ils vivent au quotidien. Cela me permet de réaliser une de mes missions de vie : aider les gens qui aident les autres.

J'aime penser qu'en soutenant moralement une personne qui en aide déjà d'autres, alors j'aide tout plein de gens en même temps ! Ainsi se tisse la toile qui m'enveloppe de bonheur jour après jour.

Dans cette poursuite de ma quête, ce que je préfère par-dessus tout, c'est mon rôle de coach au soccer auprès des jeunes de ma ville, une passion qui me nourrit depuis vingt-cinq ans ! Cette activité m'apporte tout ce dont j'ai besoin pour être heureux. Je suis entouré d'enfants que je vois progresser jour après jour, j'accueille les parents qui viennent me poser leurs questions ou me confier leurs préoccupations, et je contribue à promouvoir l'activité physique – un engagement qui me tient à cœur et qui enrichit ma propre qualité de vie.

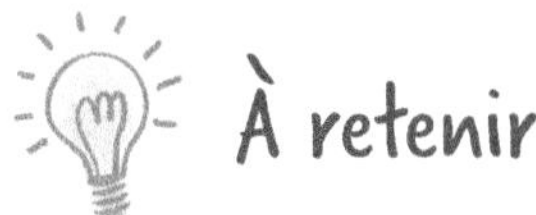

À retenir

- ✓ Ne pas laisser ton environnement familial, les notes, l'orienteur ou toute autre personne te dissuader de ta capacité à réaliser tes rêves.
- ✓ Quand on veut, on peut. Cette maxime est très importante et devrait l'être pour toi aussi, afin que tu ne te mettes aucune limite et que tu accueilles l'abondance.
- ✓ Garder en tête qu'il faut également être prêt à poser les bonnes actions et à faire des sacrifices.
- ✓ Ne pas oublier de garder un équilibre, de t'amuser et de te reposer.
- ✓ Saisir les occasions qui te rendent fier et nourrissent ton bonheur.

2

Il est où, ton bonheur ? (La croissance personnelle, c'est d'actualité)

Partout dans le monde, le domaine du développement personnel est en plein essor. Avec le Web et les médias sociaux, l'information est facilement accessible et elle est véhiculée à vitesse grand V. Résultat : de plus en plus de gens valorisent le mieux-être et se prennent en main.

La preuve : regarde les films d'il y a plus de 10 ans, comparés à ceux d'aujourd'hui, on y voit désormais de plus en plus souvent des tableaux de visualisation, du yoga, de la méditation, des thérapeutes, des coachs, etc.

Pourtant, nous sommes nombreux à fonctionner sur le pilote automatique. La routine du métro-boulot-dodo de 8 à 4, ou de 9 à 5… Se lever tôt, se faire couler un café, passer sous la douche, s'habiller, déjeuner rapidement en avalant une rôtie tartinée de beurre d'arachides, sauter dans l'auto ou s'entasser dans le métro pour arriver au travail en même temps que les collègues. À la fin de la journée, on détricote le chemin : quitter le travail, sauter dans l'auto ou s'entasser à nouveau dans le métro, arriver à la maison pour préparer à souper, laver la vaisselle, puis se ruer devant la télé pour tenter de relaxer un peu en écoutant des téléromans ou le hockey… et on conclut avec les nouvelles qui sont généralement négatives. On se couche en ayant laissé des informations négatives circuler dans notre cerveau. Et puis hop ! Le manège se répète ainsi pendant cinq jours, alors qu'on ne rêve qu'au weekend. Le sacro-saint weekend qui, en général, sert à faire l'épicerie et les autres courses, le ménage, le lavage, bref, à voir aux obligations familiales. Le dimanche soir, épuisés, on s'écrase à nouveau devant la télévision.

Ce train-train bien connu est rassurant pour certains, abrutissant pour d'autres. Il se répète en boucle semaine après semaine, année après année, jusqu'au jour où se pointe le moment de la retraite, cette étape tant attendue qui a trop souvent servi de prétexte pour remettre le plaisir à plus tard… en espérant d'être en bonne santé pour pouvoir en profiter pleinement.

Es-tu ce type de personne qui remet à plus tard et qui a toujours « hâte à… » ?

J'ai hâte à… !

Je ne me souviens plus quand exactement, mais j'ai, à un certain moment, choisi de bannir de mon langage l'expression « J'ai hâte à (…) ! » Je me suis mis à trouver qu'entre le moment où j'exprimais ce désir et le moment où l'événement allait se produire, le temps écoulé me semblait moins intéressant et agréable.

Je ne suis pas le premier à le dire, mais c'est crucial de se le rappeler régulièrement : il faut vivre le moment présent à fond. Chaque jour, et à chaque moment de la journée, il se passe quelque chose d'important. Il faut en prendre conscience. Tout a un sens. J'aime me réveiller en me demandant ce qu'il va m'arriver de beau pendant la journée. Est-ce que j'aurai la chance d'apercevoir un bel oiseau perché dans un arbre, ou de recevoir un appel téléphonique d'une personne que j'aime ? En plus de ces événements imprévus, nous recevons une foule de signes qu'on peut prendre plaisir à décoder. Ai-je toujours la présence d'esprit pour les remarquer ? En étant dans le moment présent, je risque moins de manquer toutes les petites sources de joie et les messages qui sont mis à ma disposition.

3

Le bonheur dans les petites choses

Le bonheur devient durable à partir du moment où il prend sa source à l'intérieur de nous. Autrement dit, il faut avoir fait le choix d'être heureux, peu importe ce qui arrive autour de nous, et peu importe ce que nous possédons… ou ce qui nous manque. As-tu fait ton choix ?

Des événements comme la pandémie de la COVID-19 nous l'ont démontré. Bien des gens ont souffert des restrictions qui nous ont été imposées. C'est compréhensible, et ça a été d'autant plus difficile pour les personnes qui ont perdu leur emploi, pour celles qui sont décédées en isolement, ainsi que pour les gens qui les entouraient. C'est indéniable que la situation a fait vivre des drames horribles à trop de gens. Il ne faut cependant pas voir que cet aspect. À l'autre bout du spectre, il y a toutes ces personnes qui, malgré tout, ont passé une belle année. L'occasion était en effet idéale pour prendre une pause, se retrouver, resserrer les liens familiaux, se reconnecter à soi-même et remettre nos priorités dans le bon ordre. Ça a aussi été une excellente occasion de se reconnecter à la nature.

Pendant mes études, un professeur de psychologie nous avait enseigné que l'intelligence, c'est la faculté d'adaptation. Ainsi, dans le milieu du coaching, on met de l'avant l'idée que, malgré la gravité de certaines situations, l'humain a toujours le choix d'accepter ou non ce qui arrive. En acceptant les épreuves, en accueillant la situation sans la laisser nous tirer vers le bas, il devient possible d'en retirer le maximum pour grandir. Comment crois-tu retirer le plus de bonheur ? En prenant la décision de grandir en traversant l'épreuve ou en te concentrant obstinément sur ses aspects négatifs ?

Une de mes passions est de voyager à l'étranger. Juste avant la pandémie, en février 2020, je me suis offert le voyage de mes rêves en Afrique, avec mon amie Estelle. Elle rêvait de cette destination depuis longtemps et a décidé de sauter sur l'occasion, sachant que j'avais de l'expérience en voyage, que j'adorais les animaux, et que je m'y connaissais dans ce domaine. Cela la rassurait. Nous sommes allés passer une semaine au Kenya avec notre guide et chauffeur privé, Moïse, 52 ans, puis une autre en Tanzanie avec Arnold, 26 ans, où nous avons eu la chance de participer à 15 journées de safari photographique. Ça a été, sans équivoque, le plus beau voyage pour Estelle, qui avait beaucoup voyagé partout dans le monde.

Pendant la pandémie, ce n'était plus possible de sortir du pays et, sur le coup, j'étais déçu, car j'avais déjà planifié ma prochaine escapade à l'étranger. Mais plutôt que de me refermer sur cette idée, j'ai décidé que l'occasion était parfaite pour partir à la découverte de la belle province du Québec. J'ai commencé par une semaine de rêve dans un chalet à Charlevoix. J'en ai profité pour faire de la randonnée à l'Acropole des Draveurs, sur le versant ouest de la magnifique montagne des Érables, dans le parc national des Hautes-Gorges-de-la-Rivière-Malbaie et la réserve écologique des Grands-Ormes. Plus tard dans l'été, j'ai proposé à mon amie Estelle de m'accompagner pour louer un gros véhicule récréatif de vingt-huit pieds et partir à la découverte de la Gaspésie. Estelle est une habituée des véhicules récréatifs, alors que pour moi, il s'agissait de ma première expérience. C'était à mon tour de m'appuyer sur ses connaissances et son expérience pour me permettre de vivre une nouvelle aventure, tout comme lorsqu'elle est venue en Afrique avec moi !

Nous croisons sur notre route les bonnes personnes pour nous aider à atteindre les objectifs de notre liste de rêves. Voilà pourquoi il est important d'être bien connecté à soi-même et de rester ouvert et positif. Cela nous permet de saisir les occasions incroyables qui s'offrent à nous à l'instant où elles se présentent. Être dans le moment présent nous permet de reconnaître les signes ou les personnes que l'Univers nous envoie pour transformer des citrons en limonade.

C'est à travers les épreuves que nous grandissons le plus. C'est ce qui fait que je suis la personne que je suis devenue et que je peux mieux aider les autres grâce à mon coaching. Mon bonheur, je le retrouve là.

À retenir

- ✓ Face à n'importe quelle situation, c'est nous qui décidons de la voir négativement ou positivement, de la laisser nous tirer vers le bas ou de l'accueillir. De l'accepter comme un cadeau mal emballé et d'en tirer une occasion de grandir.
- ✓ Cherche le bonheur dans les petits moments du quotidien.
- ✓ Choisis d'être heureux, à l'intérieur, peu importe ton contexte extérieur.
- ✓ Reste positif et ouvert pour reconnaître les bonnes personnes sur ton chemin et saisir les occasions qui se présentent à toi.

4

Monsieur Da Silva et Socrate

Au cégep, il y avait trois cours obligatoires dans tous les programmes d'études : le français, la philosophie et l'éducation physique. Aujourd'hui, l'anglais a été ajouté aux programmes.

Les cours de philosophie étaient rarement les plus populaires parmi les étudiants de mon époque. Mais pour ma part, j'avais soif d'apprendre. Ma réussite inespérée en maths, préalable à mon admission en techniques policières, m'avait totalement métamorphosé. Dorénavant, je voulais tout savoir et conquérir le monde! Et c'est encore comme ça aujourd'hui.

Mon esprit s'étant ouvert largement vers l'âge de dix-huit ans, la philosophie m'intéressait tout autant que le reste, sinon plus. En fait, j'étais devenu tellement obsédé par l'idée d'enrichir mon cerveau que j'avais même entrepris de lire le *Petit Larousse*. Eh oui. 1 088 pages pour un total de 52 000 mots. Dès les premières pages, j'avais été fasciné de voir la quantité de mots que je ne connaissais pas encore! Cependant, arrivé à la lettre B, soit à peu près à la centième page, j'avais dû me rendre à l'évidence que je n'avais même pas retenu le dixième de ce que j'avais appris en termes de mots nouveaux. Un peu déçu, j'avais mis un frein à mon projet plutôt farfelu. J'estimais avoir quand même d'autres chats à fouetter.

Je préférais nettement suivre mes cours de philo, que j'attendais toujours avec enthousiasme, notamment ceux donnés par M. Da Silva. C'est en effet grâce à ce professeur que j'ai pu connaître la pensée de Socrate, célèbre philosophe grec ayant vécu entre 470 et 399 avant J.-C. Sa citation notoire « Connais-toi toi-même », m'avait particulièrement frappé et fait réfléchir. Pour moi, elle mettait en lumière la nécessité de se poser les bonnes questions pour arriver à se comprendre soi-même et à se connaître davantage… pour ensuite effectuer les bons choix pour soi dans toutes les sphères de la vie. Cette expression, à elle seule, a influencé mon existence de manière très positive. Elle a été le point de départ de l'éveil de ma conscience en marquant le début d'un intense questionnement intérieur.

En fait, je me suis mis à tout remettre en question : *Pourquoi est-ce que je pose ce geste-là ? Pourquoi est-ce que je fais ce choix-là ? Pourquoi est-ce que je mange ceci ou cela ? Qu'est-ce qui est réellement important pour moi ?* Et toutes ces réflexions me ramenaient inévitablement à la question ultime : *Pourquoi je vis ?* Question que j'avais même osé poser à mon médecin lors d'une visite de routine. Je lui avais demandé pourquoi il vivait ! Il m'avait répondu vaguement et sans grand intérêt qu'il nous fallait trouver chacun notre mission de vie. Je ne m'étais pas senti bien plus avancé face à cette énigme existentielle car, au fond, je savais déjà, à l'époque, quelle était ma mission de vie. Aider les gens ! Et c'était précisément pourquoi j'avais choisi une carrière dans le corps de police.

Quand on tient compte de mon ouverture naturelle à la philosophie et au questionnement intérieur, on comprend mieux ma transition professionnelle : du métier de policier enquêteur à celui de coach certifié en programmation neurolinguistique. La PNL, c'est l'art de poser les bonnes questions pour aider les gens à mieux se connaître eux-mêmes.

Mon choix de carrière dans le corps de police m'avait néanmoins amené à entamer la vingtaine avec un état d'esprit ultra rationnel. À l'époque, j'abordais absolument tout par le mental. Je m'efforçais consciencieusement de maîtriser mes émotions, tout en maintenant allumée ma grande détermination à devenir un policier exemplaire, apte à aider le plus de gens possible.

C'est dans mon rôle de policier patrouilleur, au début de ma carrière, que j'ai pu apprendre la différence entre l'empathie et la sympathie, à force de répondre à toutes sortes d'appels. Petit rappel : l'empathie est la capacité de comprendre les émotions ou les sentiments qu'éprouve une personne sans toutefois les ressentir. La sympathie, c'est le fait de ressentir les mêmes émotions et sentiments qu'éprouve une personne.

Au cours de mes cinq premières années de patrouille, j'ai eu à me rendre trois fois sur les lieux d'un suicide, ainsi qu'à trois reprises sur ceux d'un accident mortel, sans compter d'autres interventions liées à des accidents avec blessés graves. Lors de mon mandat à Kuujjuarapik, un village du Nunavik dans le Nord-du-Québec, j'ai été réveillé en pleine nuit par un incendie. L'hôtel du village était en flammes. J'ai dû assister, impuissant, au triste spectacle d'Inuits demeurés captifs dans le bâtiment, tout en m'affairant à aider ceux qui parvenaient à sortir en brisant les fenêtres – non sans se blesser grièvement aux bras et aux jambes. Trois sont malheureusement décédés en restant prisonniers des flammes.

J'ai pu au moins accueillir les survivants au poste de police, par cette nuit de froid intense à -30 °C, en attendant qu'ils trouvent une solution d'hébergement.

Le métier de policier est souvent très dur car, à tout moment, on peut se retrouver plongé dans une situation critique et souvent traumatisante. J'avoue qu'il m'est arrivé de trouver cela difficile, mais je me sentais tellement utile. Le plus important pour moi, c'était de savoir que j'étais directement connecté à ma mission de vie. J'aidais les gens. Mon travail était donc rempli de sens.

J'aime penser que tout cela ne serait peut-être pas vrai si je n'avais pas su, jeune, apprendre à me connaître moi-même. Et cette capacité introspective, je la dois en grande partie à M. Da Silva et à Socrate. Gratitude. Comme quoi tout ce qu'on entend, voit et vit finit toujours par servir à quelque chose. Il n'y a rien d'anodin. Et quand on se connaît bien soi-même, c'est plus facile d'en prendre conscience et de rendre chaque expérience des plus enrichissantes, autant pour soi que pour les autres qui nous entourent.

Est-ce que tu connais ta mission de vie sur cette Terre ? Sache que nous en avons plusieurs. Je t'explique d'abord que, peu importe la profession que tu exerces, elle répond à un besoin de notre société. Elle fait donc partie de tes missions de vie, et j'espère qu'elle te comble tout en te permettant de te réaliser.

Ensuite, tu peux trouver une autre mission en fonction de ton rôle familial. Es-tu un père, une mère, une sœur ou une grand-mère qui a à cœur de permettre aux autres membres de ta famille de grandir, de devenir autonomes et de s'épanouir comme de belles personnes porteuses de valeurs pour notre société ?

Le bénévolat peut aussi t'aider à t'émanciper : il te relie à des amis, te permet de partager ta passion et d'en inspirer d'autres à leur tour. Par exemple, j'ai été entraîneur de soccer au niveau élite pendant 24 ans. L'une de mes capitaines d'équipe était une excellente joueuse, ayant notamment participé aux Jeux du Québec. Je l'ai moi-même entraînée de l'âge de 8 à 13 ans et, à 16 ans, elle a choisi à son tour de transmettre ses connaissances à d'autres joueuses, et ce, jusqu'au moment d'écrire ces lignes, où elle a maintenant 24 ans.

À retenir

- ✓ Comme l'ont enseigné M. Da Silva et Socrate, connais-toi toi-même pour améliorer toutes les sphères de ta vie.
- ✓ La connaissance de soi permet de trouver ta mission de vie.
- ✓ Motive-toi à apprendre de chaque situation.
- ✓ Il est important de te poser les bonnes questions.

5

La cigale et la fourmi

Qui ne connaît pas cette célèbre fable du poète français Jean de La Fontaine!

« La Cigale, ayant chanté.
Tout l'été,
Se trouva fort dépourvue.
Quand la bise fut venue... »

Et si je te demandais lequel des deux insectes dans la fable t'inspire le plus? J'imagine que la majorité d'entre vous répondrait « la fourmi ».

« Vous chantiez?
J'en suis fort aise.
Eh bien!
Dansez maintenant. »

C'est normal : la morale de la fable favorise la fourmi, surtout si l'on désapprouve l'insouciance et la négligence.

J'ai moi-même longtemps été du type «fourmi», déterminé à réussir mes études au cégep, ma formation à l'École nationale de police du Québec, puis ma carrière de policier. Disons qu'à l'époque, j'étais 99 % fourmi et 1 % cigale. Il y avait très peu de place dans mon quotidien pour l'amusement. Au mieux, j'essayais de me convaincre d'aimer ce que je faisais – mes travaux, mes études... en somme tout ce qui pouvait servir mon ambition. J'étais définitivement dans la phase la plus rationnelle de ma vie!

Puis, pendant ma première année à la Sûreté du Québec, à Amos, en suivant ma formation d'écoute pour la prévention du suicide, j'ai appris une deuxième leçon de vie importante : «aide-toi toi-même» (avant d'aider les autres). C'était la suite logique à «connais-toi toi-même»! Je me suis alors efforcé de lâcher un peu prise, histoire de devenir environ 20 % cigale et 80 % fourmi. J'ai maintenu ce ratio pendant à peu près vingt ans, jusqu'au jour où j'ai eu la chance d'avoir une belle discussion avec mon meilleur ami au bureau, François.

François est un homme très humain qui incarne de belles valeurs. C'est un être respectueux et très sensible, un cœur sur deux pattes! Et beau bonhomme en plus de ça! Si ma sœur avait été célibataire, je le lui aurais présenté sans hésiter. J'aurais adoré qu'il soit mon beau-frère. Nous partagions beaucoup de points communs, et notre amitié s'est formée tout naturellement. J'étais son confident. François me confiait souvent ses états d'âme liés à son travail de policier, un milieu d'hommes parfois difficile pour le grand sensible qu'il est. Je comprenais bien ce qu'il ressentait dans la plupart des situations, mais sur un point, nous étions diamétralement opposés : notre façon de voir la vie au quotidien.

Mais avant d'en dire davantage, laisse-moi d'abord te raconter un souvenir marquant : une discussion que j'avais eue avec un professeur de philosophie au cégep, M. Tremblay. Au cours de cette discussion, je lui avais confié que la copine idéale, selon moi, devait réunir une trentaine de qualités… et n'afficher aucun des trente défauts que j'avais soigneusement listés. Depuis la fin du secondaire, je savais définitivement très clairement ce que je voulais et ne voulais pas dans ma vie ! Voici ce que M. Tremblay m'avait alors répondu : selon lui, je cherchais une compagne à mon image : une femme au mode de vie, aux idées et aux activités semblables aux miens.

J'avais reçu cette remarque comme un coup de poing en pleine figure. Ce qui, pour lui, allait de soi m'apparut soudain avec une clarté désarmante. Mon professeur avait même rajouté qu'à sa connaissance, les policiers fréquentaient surtout d'autres policiers et finissaient souvent par choisir une conjointe dans le même milieu. En fin de compte, selon lui, la majorité des policiers restaient entre eux et parlaient de leur travail, que ce soit au poste, entre amis, à la maison ou même au lit. Inutile de dire qu'après cette discussion, je n'avais plus envie de fréquenter les policières. D'ailleurs, tout au long de ma carrière dans le corps de police, je n'ai jamais entretenu de relation avec une collègue du milieu.

Quel est le lien entre cette anecdote et mon collègue et ami François ?

Les deux m'ont fait prendre conscience qu'il est possible pour deux personnes d'avoir des visions opposées tout en ayant, chacune à sa manière, raison – ou du moins, quelque chose de de positif à apporter à la relation. Depuis que j'ai compris ça, plus rien n'est tout noir ou tout blanc. La vie m'apparaît plutôt comme une gamme de gris, où chacun perçoit les choses à sa manière et peut, en quelque sorte, avoir raison. Cette prise de conscience m'a évidemment ouvert encore plus l'esprit et depuis, je cherche à rencontrer des personnes différentes de moi, capables de m'offrir d'autres points de vue. J'aime les personnes authentiques, et je considère que chacune d'elles a quelque chose à apporter. L'idée est de toujours garder l'esprit ouvert afin de saisir au vol les occasions qui nous permettent d'évoluer et de changer. J'ai toujours retenu ce que cet autre professeur avait dit dans son cours de psychologie : « l'intelligence est la faculté de s'adapter ».

D'ailleurs, qu'on le veuille ou non, tout est en perpétuel changement – autour de nous comme en nous, parfois d'un jour à l'autre, parfois d'un instant à l'autre. C'est le principe de l'impermanence. Tout change continuellement, et on doit savoir s'y adapter constamment. Ce principe m'a d'ailleurs inspiré une équation, un jour que je méditais sur la question.

Le changement = évolution = amélioration = + de bonheur = + d'amour !

Ne crains donc jamais de faire les choses différemment, de sortir de ta zone de confort. En sachant que tout change continuellement, tu auras ainsi pris de l'avance sur ta capacité d'être heureux !

Pour en revenir à François… Nos visions de la vie étaient opposées. Pour moi, du moins jusqu'à cette époque-là, profiter de la vie au maximum signifiait réaliser le plus de choses possible, souvent plusieurs projets à la fois. J'incarnais clairement la fourmi. Pour François, c'était tout le contraire : ça signifiait plutôt réserver le plus de temps libre pour relaxer. Comme la cigale. Et toi ? Quelle est ta conception d'une vie épanouie ? Es-tu cigale ou fourmi ?

Comme je le disais plus tôt, cette conversation avec mon ami François a changé quelque peu ma façon de voir la vie. Aujourd'hui, je prône davantage un sain équilibre entre la zénitude de la cigale et l'acharnement de la fourmi. Je continue de mener plusieurs projets de front, mais je prends désormais plaisir à m'offrir des moments de calme, seul avec moi-même. Pour l'année 2020, une de mes résolutions était de travailler là-dessus. Je me suis donc procuré un livre intitulé *À go, on ralentit*, écrit par Madeleine Arcand et Maxime Morin. Eh bien, jamais je n'aurais cru que l'Univers me répondrait aussi vite ! Presque immédiatement après, la pandémie éclatait et nous étions tous confinés. Alors du temps pour moi, j'en ai eu plus que j'en demandais ! Comme plusieurs d'entre nous. La situation était tout à fait idéale pour s'exercer à être dans le moment présent.

- ✓ Sois ouvert d'esprit : l'autre peut avoir autant raison que toi. Cela va t'éviter beaucoup de conflits.
- ✓ Sois toujours prêt à apprendre des autres. Chaque personne est un trésor caché, riche d'enseignements.
- ✓ Trouve l'équilibre entre ta cigale et ta fourmi, dans toutes les facettes de ta vie. Cet équilibre est différent d'une personne à l'autre. Il n'était pas le même pour moi que pour François, comme tu as pu le lire.
- ✓ Priorise les personnes authentiques, qu'elles te ressemblent ou non.
- ✓ Tente de t'adapter à l'impermanence pour évoluer.
- ✓ Apprends à ralentir au besoin.

6

Ma liste de l'année et ma liste de vie

Afin de réaliser plusieurs objectifs et rêves, depuis 2008, j'ai commencé à dresser deux listes de dix choses que je veux être, faire ou posséder, afin de concrétiser mes objectifs et mes rêves. Je fais ça chaque année, durant la période des fêtes. J'ai d'abord dressé de dix points pour ma vie, puis une autre de dix objectifs pour l'année à venir.

J'ai constaté qu'avec cette méthode, bon nombre de mes beaux projets se sont concrétisés. Je suis convaincu que je n'en aurais pas réalisé la moitié si je m'étais contenté d'y penser sans les mettre par écrit.

Pour réaliser un projet, il suffit souvent de poser une première petite action. Dans mon cas, en repensant à tout ce que j'ai accompli au fil des ans, je constate que le simple fait de mettre mes idées par écrit s'est avéré une étape beaucoup plus importante que je ne l'aurais cru. Il suffit d'ajouter une dose de lâcher-prise et de confiance en l'Univers pour que la suite soit positive.

Le plus bel exemple que je peux partager, c'est mon voyage de safari photo en Afrique. Depuis des années, ce voyage figurait dans le haut de ma liste. Je croyais que, puisqu'il s'agissait du plus grand et du plus coûteux de mes objectifs de voyage, je ne le réaliserais que bien plus tard, probablement après la soixantaine. Le 10 décembre 2019, ma meilleure amie, Estelle, et moi, planifions un voyage dans le sud pour février suivant. Nous voulions aller au chaud, mais dans un endroit différent des destinations populaires habituelles : Cuba, la République dominicaine et le Mexique. Puis je tombe par hasard (il n'y a pas de hasard, que des rendez-vous) sur une offre de voyage en Afrique du Sud à 4 500 $, incluant trois journées de safari et plusieurs visites d'autres attraits touristiques. Estelle et moi en discutons et aimons l'idée de cette destination différente. Cependant, le nombre de journées de safari incluses ne nous satisfait pas entièrement, et nous remarquons un autre voyage en Tanzanie à 6 500 $, comprenant sept jours de safari. Ça commence à être plus intéressant! Nous pensions bien avoir trouvé notre voyage de rêve, même si nous dépassions de beaucoup notre budget initial.

Finalement, nous avons trouvé un autre voyage beaucoup plus coûteux, incluant 15 journées de safari dans deux pays, le Kenya et la Tanzanie. Mon amie Nancy, aussi passionnée que moi par les voyages et les animaux, et déjà partie en safari photo en Afrique, me lance : « Tant qu'à y aller, prenez la totale – on ne sait jamais si vous aurez la chance d'y retourner. »

Nous écoutons (encore plus) les précieux conseils de Nancy et nous embauchons un guide et un chauffeur privé pour visiter chacun des deux pays. À ma demande, nous ajoutons une journée supplémentaire pour gravir une partie du Kilimandjaro. Estelle, de son côté, propose que nous ajoutions une journée pour un tour en montgolfière au-dessus des plaines du Serengeti.

La suite est facile à deviner. Ça a été notre meilleur voyage, au meilleur moment de nos vies et de l'année. C'était la saison des naissances : nous avons vu une foule de bébés animaux tout juste venus au monde. Sur les lieux de notre premier *lodge*, il y avait un girafon né la veille. Puis, lors des autres journées du safari, nous avons vu un bébé gazelle né quelques minutes plus tôt, ainsi qu'une lionne avec quatre lionceaux d'environ deux ou trois semaines. WOW! Ce voyage s'est déroulé du 10 au 27 février 2020, juste avant la pandémie et l'interdiction des voyages. Quel *timing*! J'ai tellement apprécié cette expérience que j'ai décidé d'y retourner avec mes deux nièces, Laurence et Camille, que je considère comme mes filles, puisque je n'ai pas d'enfants. C'était la promesse que je leur avais faite pour la fin de leurs études universitaires.

Parole tenue pour Camille, puisque nous sommes allés au Kenya du 20 au 29 mai 2025. C'est ainsi que, pour la troisième fois en cinq ans, je suis retourné en Afrique pour un safari – et j'ai bien l'intention d'y retourner tous les deux ou trois ans. À mon retour de ce dernier voyage, je me suis senti incroyablement bien, comme après une semaine de retraite : empli de paix, de calme, d'énergie de connexion et de clarté.

Tu peux aussi créer un tableau de visualisation : un grand carton où tu colles des mots, des images et des symboles représentant ce que tu désires dans toutes les sphères de ta vie – professionnelle, familiale, sociale, financière, matérielle, conjugale, ainsi que dans ta santé, tes loisirs, tes passions et ton développement personnel et spirituel.

Tiens une liste ou crée un tableau de visualisation : ces outils t'aideront à attirer davantage davantage d'abondance que si tout restait simplement dans tes pensées. Ce sont de petites actions qui mèneront à de grandes réalisations à moyen et long terme.

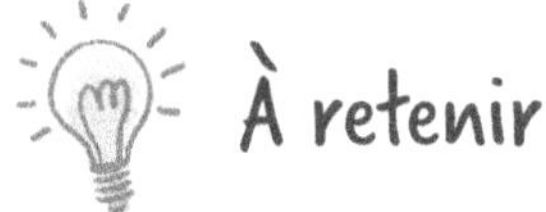

- ✓ Ces demandes doivent venir de ton cœur (ton âme) et non de ton mental (ego). De plus, il est important de ne pas te fixer de limites temporelles ni financières dans la réalisation de tes désirs. Bon succès dans tes demandes!
- ✓ Une fois tout cela mis en place, il est essentiel de lâcher prise et de faire confiance à ce qui te dépasse – que tu l'appelles ta source, Dieu ou l'Univers. L'important, c'est d'y croire.

À travailler

Pour t'aider à te mettre en action, je te demande de commencer par dresser une liste ou créer un tableau de visualisation. Lequel des deux vas-tu choisir et quel est l'échéancier qui te convient? Engage-toi envers toi-même, ainsi qu'envers l'auteur de ce livre qui t'accompagne comme un coach personnel, à mettre en pratique ces enseignements dans un délai réaliste.

Réponse :

____

____

____

____

Ainsi, en t'engageant ici et maintenant, tu as déjà amorcé le processus qui mènera à l'accomplissement de ta demande. J'espère que tu prendras autant de plaisir que moi à faire cet exercice.

L'un de mes grands rêves, inscrit sur ma liste depuis longtemps, était de devenir coach de vie ou thérapeute en relation d'aide et d'avoir mon propre bureau. Je me suis toujours imaginé exercer ce rôle, autant pour moi que pour mes proches. Après plus de deux ans de formation à l'Institut Coaching International et un investissement de 12 000 $, j'ai concrétisé ce rêve le 23 mai 2018 en obtenant ma certification de coach en programmation neurolinguistique (PNL).

Il n'existe pas de hasards, seulement des synchronicités. Plus je me connecte à moi-même – notamment par la méditation, et plus mon niveau de conscience s'élève, plus les synchronicités se multiplient dans ma vie.

7

Agent Roy de la Sûreté du Québec

Fin des études

Après l'obtention de mon diplôme en techniques policières, je devais compléter ma formation par un stage de 16 semaines à l'École de police de Nicolet. C'était à l'automne 1987, lorsque la Sûreté du Québec est déplacée sur place pour recruter du sang neuf – une première campagne d'embauche après sept ans de disette.

Cela m'intéressait. Mais je rêvais en même temps de me mettre au service du corps de police de la Ville de Montréal. Je m'étais donné en fait jusqu'à l'âge de trente ans pour atteindre mon objectif premier : devenir policier. Comment aurais-je pu deviner, à ce moment-là, qu'un besoin urgent de nouveaux policiers allait se faire sentir dans les différents corps de police du Québec ? Les portes s'ouvraient toutes grandes. Pour ne pas perdre de temps et maximiser mes chances, je me suis donc engagé à passer, tous les deux mois environ, les tests requis pour joindre les rangs de la SQ : un examen médical pour évaluer mon état de santé, un test physique et un test psychométrique, suivis d'une entrevue devant trois policiers. S'ensuivait alors une enquête de moralité que je réussissais chaque fois.

Six mois plus tard, tout s'étant bien déroulé, j'ai pu amorcer ma belle carrière au sein de la Sûreté du Québec, à l'âge de 21 ans seulement. Cette carrière, je l'avais si ardemment désirée depuis ma dernière année du secondaire ! J'ai fait partie des cent premiers policiers recrutés par la SQ dans le cadre de cette nouvelle vague d'embauche. Le corps de police comptait alors 4 500 policiers. Inutile de dire que plusieurs d'entre eux, qui étaient affectés à des régions éloignées depuis une dizaine d'années, avaient bien hâte que les petits nouveaux arrivent pour prendre leur place ! Pour ma part, j'étais plus qu'heureux d'avoir enfin l'occasion d'aider les gens, même en connaissant les risques d'un métier qui exige d'intervenir dans toutes sortes de situations, parfois très dangereuses.

C'est donc le lundi 6 juin 1988 que ma carrière à la SQ s'est officiellement amorcée au sein d'un groupe de trente nouveaux policiers. Pour commencer, nous avons dû retourner à l'École de police de Nicolet pour y suivre une formation de deux semaines. Ce n'est qu'à la toute dernière journée, le 17 juin, que nous avons finalement appris à quel poste et dans quelle région nous serions affectés pour les trois années à venir. Au cours de ces deux semaines de formation, nos journées de cours commençaient à 8 heures, et nous arrivions généralement à l'heure pile. Mais le matin de ce 17 juin, tous les policiers en formation se sont présentés en classe dès 7 h 45, sans exception, et tu te doutes bien pourquoi !

Tous trépignaient d'impatience de découvrir ce qui les attendait dans ces nouveaux défis qui s'annonçaient. Comme prévu, le dévoilement des affectations était le premier point à l'ordre du jour. Pour éviter d'être pris au dépourvu, j'avais pris soin, durant mon stage, de me préparer à toute éventualité. J'avais répertorié les 125 postes de police de la Sûreté du Québec à travers la province et, comme il y avait de fortes chances que nous soyons affectés dans des régions éloignées, j'avais porté une attention particulière aux postes en Gaspésie, sur la Côte-Nord et en Abitibi. Le grand dévoilement a eu lieu en classe. L'agent responsable de notre groupe a commencé à appeler nos noms un à un, par ordre alphabétique.

Le premier à connaître son destin a été l'agent Audette.

— *Agent Audette, Cap-aux-Meules !*

— …

Cette première annonce fut accueillie par un silence de mort. La majorité des policiers en devenir n'avaient aucune idée où se trouvait Cap-aux-Meules ! Moi, grâce à ma prévoyance, je savais très bien que c'était situé aux Îles-de-la-Madeleine. Je me suis dit, comme sans doute plusieurs autres qui connaissaient l'endroit, que c'était une région magnifique pour passer les vacances d'été… mais y vivre à l'année, quand on n'a jamais quitté le Grand Montréal ? Disons que plusieurs points d'interrogation flottaient dans la classe. D'autant plus que tout le monde savait que l'agent Audette vivait en couple, et on se demandait si sa conjointe allait le suivre. Un grand changement se dessinait pour nous tous, et la nouvelle avait de quoi nous secouer.

Les annonces se sont enchaînées avec leur lot de surprises, puis mon tour est arrivé. Les trois policiers avant moi avaient tous reçu le même verdict :

— *Chibougamau ! Chibougamau ! Chibougamau !*

Et moi, je m'étais soudainement mis à prier : « s'il vous plaît, surtout pas Chibougamau ! »

Je trouvais ça bien trop loin de Montréal.

— *Agent Roy, Amos !*

Ah, quel soulagement ! J'étais heureux d'être affecté à seulement six heures de route de chez mes parents, dans la troisième plus grosse ville de l'Abitibi, forte de ses 15 000 habitants et de tous les services qu'on y trouvait.

Je pouvais donc quitter le nid familial l'esprit en paix, heureux d'aller bâtir ma vie d'adulte au loin, mais pas trop loin. Imagine, pour moi qui avais toujours habité à Montréal-Nord, le simple fait de traverser le pont Pie-IX pour me rendre à Laval, de l'autre côté de la Rivière des Prairies, avait représenté, jusqu'à ce jour, une quasi – expédition, alors que ce trajet ne comptait pas plus de cinq kilomètres. Cet été-là, à 21 ans, je partais courageusement vers ma nouvelle réalité, à plus de 600 kilomètres de chez moi, tout au nord – ce qui, en prime, voulait dire deux mois d'hiver de plus par année !

Enfin policier

Le matin du 20 juin, je me suis levé très tôt pour me joindre à mes parents au déjeuner. Puis j'ai rapidement entassé mes vêtements, mon oreiller et mon plat à lasagne dans le coffre arrière de mon auto et, après avoir embrassé mes parents, j'ai quitté Montréal au volant de ma vieille Plymouth Reliant 1978 grise. Elle n'était pas du genre très *sexy*, mon auto, avec ses banquettes rouges. Tu as bien lu, ses banquettes. Outre l'habituelle banquette arrière, il y en avait aussi une à l'avant. Ce n'était pas l'auto de rêve pour un jeune de 21 ans, mais je l'aimais bien quand même, elle m'avait très bien servi jusque-là. Je m'étais payé cette bagnole *cash*, l'année d'avant, afin de pouvoir voyager entre Montréal-Nord et Nicolet pour mon stage de 16 semaines. Au fil des ans, j'avais soigneusement économisé tout l'argent gagné grâce à mes emplois d'étudiant. J'avais eu la chance d'être camelot pour le *Journal de Montréal*, vendeur au rayon de la plomberie à la quincaillerie Pascal, préventionniste du crime au poste 51 de la police de Montréal (un emploi d'été offert aux étudiants en techniques policières) et agent de sécurité au centre commercial Rockland. Les déplacements entre Montréal et Nicolet se faisaient les fins de semaine, et pendant toute la durée du stage, j'ai covoituré avec deux amis ; : Yves, de Laval, et Line, de Rivière-des-Prairies. C'est d'ailleurs ce souvenir qui m'amène à raconter une drôle d'anecdote. À l'époque, Yves et Line rêvaient de devenir policiers provinciaux à la Sûreté du Québec, alors que moi, je voulais surtout devenir policier municipal à la Ville de Montréal. Eh bien, la vie en a décidé tout autrement, puisque c'est exactement le contraire qui s'est finalement produit! Mes deux amis ont fait carrière comme policiers municipaux : Yves à la Ville de Laval et Line à la Ville de Repentigny, tandis que j'ai passé la mienne au sein de la police provinciale.

Dès le départ, j'ai tout de même tenté ma chance pour devenir policier municipal à la Ville de Montréal. C'était au cours de mes premiers mois à Amos, en 1988. J'avais déjà passé tous les tests requis et je suis retourné à Montréal pour me présenter à l'entrevue, la dernière étape avant l'embauche. La vie me réservait un autre plan : j'ai échoué l'entrevue. J'aurais pu tenter ma chance à nouveau, un an plus tard, mais après ma première année à Amos, j'hésitais à changer de poste. J'ai choisi d'écouter ma petite voix intérieure, qui me disait alors de rester au sein de la Sûreté du Québec – ce que j'avoue n'avoir jamais regretté! Et ce n'est certainement pas parce qu'un jour, quelqu'un m'avait dit : « tu vas adorer ça, l'Abitibi, c'est le paradis de la chasse et de la pêche! »… car je n'ai jamais chassé et je ne pêche que très rarement!

En arrivant à Amos, il m'a évidemment fallu trouver un endroit où me loger. Or, l'agent Éric Martin, un policier qui avait été affecté à la région quelques mois plus tôt, avait loué une vieille maison entièrement meublée dans le rang 6 du village de Landrienne. Jusque-là, il avait partagé les lieux avec un colocataire, Claude, également policier. Mais à mon arrivée, Claude venait de partir pour se joindre au corps de police de Montréal. Éric m'a donc invité à prendre la place, ce que j'ai accepté sur-le-champ. L'aventure n'a duré qu'un an, jusqu'à ce que la propriétaire décide de vendre sa maison pour aller vivre à Québec. Mais cette petite brèche dans notre parcours n'a nullement entaché notre amitié, puisque Éric était rapidement devenu mon meilleur ami. Si bien qu'une dizaine d'années plus tard, il m'a désigné comme garçon d'honneur à son mariage!

Mes amis disparus

Après la première année au sein de la Sûreté du Québec, on nous demande quels sont notre plan de carrière et nos ambitions. Pour ma part, je souhaitais devenir enquêteur et travailler au sein de diverses escouades : le crime économique, le crime organisé et, enfin, le crime contre la personne (agressions sexuelles et meurtres). J'espérais aussi, si l'occasion se présentait, pouvoir monter en grade. Quant à Éric, il nourrissait de grandes ambitions professionnelles. Il avait en tête un plan bien précis et très ambitieux. Il souhaitait devenir enquêteur aux crimes économiques et gravir les échelons : d'abord caporal responsable d'une équipe, puis sergent, et finalement lieutenant – à la direction d'une division, que ce soit à Montréal ou à Québec. Il n'y avait en effet que deux postes de lieutenant aux crimes économiques pour les 4 500 policiers de la SQ. Qu'à cela ne tienne, Éric a bel et bien décroché l'un des deux postes, et le plus important. Un privilège amplement mérité, car il avait travaillé fort pour y arriver. Il avait choisi de suivre plusieurs autres formations, notamment un certificat universitaire en administration. Après ce mandat, Éric est devenu le fier capitaine de l'escouade Marteau, qui avait été mise sur pied en octobre 2009, sous le gouvernement Charest, pour lutter contre la corruption et les malversations. Puis il a été muté à l'escouade autochtone, cette fois contre son gré.

Malgré son succès professionnel, pendant toute sa carrière, Éric a subi les contrecoups d'un mariage houleux qui s'est soldé par une séparation. Il éprouvait alors de durs problèmes avec sa fille et son garçon adolescents. Après un certain temps, ses enfants avaient cessé de lui parler et il ne les voyait même plus.

À la fin de 2013, Éric a fait deux tentatives de suicide : une première à l'automne, la seconde au début de décembre. Il a alors été hospitalisé pendant une vingtaine de jours pour recevoir des soins psychiatriques. Trois jours après avoir reçu son congé de l'hôpital, le 30 décembre, Éric aurait quitté son logement à pied, sans manteau ni bottes. Personne ne l'a vu partir et personne ne l'a aperçu en chemin. Il n'avait laissé aucun message chez lui pour ses proches.

Son corps a été retrouvé dans les eaux du lac Saint-Pierre trois mois et demi plus tard, le 12 avril 2014. Éric n'était âgé que de 49 ans quand il est parti. Selon les conclusions du coroner Pierre Bélisle, il serait mort par noyade et il s'agirait d'un suicide. Le drame a été attribué à la pression engendrée par les responsabilités liées à ses fonctions au sein de l'organisation policière. J'ajouterais, pour ma part, que ses problèmes familiaux ont sans doute aggravé la situation. Il m'avait souvent parlé de ces problèmes qui duraient depuis des années. Éric était en couple avec une nouvelle conjointe et il semblait heureux. La dernière fois que je lui ai parlé, au début de décembre 2013, jamais il ne m'a fait part de son désespoir et de ses idées noires. Ce n'est d'ailleurs qu'au moment de sa disparition que j'ai appris qu'il avait été hospitalisé en psychiatrie après deux tentatives de suicide.

Ce départ soudain d'un ami que j'aimais profondément me replongeait fatalement dans un lourd sentiment de déjà-vu. Un an et demi plus tôt, le 27 juin 2012, j'avais appris que François, mon collègue et meilleur ami de l'époque, venait de s'enlever la vie. Il n'avait alors que 39 ans.

François avait été affecté à mon bureau, celui de la filature – la surveillance physique de criminels potentiels – et intégré à mon équipe lors de son arrivée, trois ans plus tôt. Nous nous étions rapidement liés d'amitié, car nous étions tous deux profondément humains, sensibles et respectueux. Mais quelques mois avant de passer à l'acte, François avait été muté dans une autre équipe, alors nous n'avions plus aussi souvent l'occasion de nous voir et d'échanger.

La veille de son décès, nous nous sommes croisés au bureau, tôt le matin, mais François avait coupé court à notre conversation, prétextant qu'il devait produire le rapport de son équipe cette journée-là. Je lui avais promis de l'appeler le lendemain matin. Comment aurais-je pu alors savoir qu'il s'agissait en fait de notre dernière rencontre ? À l'époque, François covoiturait avec un autre collègue, et c'est ce dernier qui a fait la macabre découverte en allant le chercher chez lui le lendemain. Par la suite, ce collègue a d'ailleurs dû s'absenter du bureau pendant quelques semaines, afin d'être traité pour un choc nerveux.

Le milieu policier est très difficile. Mais c'est la dimension humaine du métier qui m'a toujours le plus intéressé. Pendant ma formation au cégep, j'avais réalisé, en équipe avec deux autres étudiants, un travail d'une centaine de pages sur les effets psychosociaux du métier de policier sur l'humain. Et à cette époque, je m'étais mis à rêver de devenir thérapeute pour les policiers, un peu comme l'ex-policier Michel Oligny, auteur du livre *Stress et burnout en milieu policier*.

Ce que je retiens avant tout de mon ami Éric, c'est son sourire magnifique et contagieux, ainsi que son irrésistible entregent. C'était un homme apprécié de son entourage. De mon ami François, je garde au fond du cœur son authenticité comme policier, sa sensibilité et son humanité. François avait toujours souhaité être aimé de tous, et, de fait, tout le monde l'aimait, lui aussi.

J'ai eu la chance d'avoir deux amis proches au sein du corps de police, de vrais bons gars, mais je les ai perdus tous les deux, la vie et le métier les ayant brisés. Cette épreuve m'a fait prendre conscience à quel point on peut ignorer ce que les gens vivent au fond d'eux-mêmes, et m'a amené à apprécier encore plus ce que je vivais. Comme le dit si bien Raphaëlle Giordano dans le titre de son livre : *Ta deuxième vie commence quand tu comprends que tu n'en as qu'une*.

N'oublie pas que le bonheur est un choix et que, face à chaque situation, c'est toi qui décides de la façon dont tu veux y réagir. Par exemple, à la suite du décès de mes deux amis, je préfère me remémorer les plus beaux aspects de leur personnalité, et être dans la gratitude d'avoir croisé leur route.

- ✓ Parfois, la vie nous joue des tours et nous emmène là où on ne s'y attendait pas – et c'est souvent ce qui nous fait grandir et sortir de notre zone de confort. Comme moi, qui ai dû aller travailler à six heures de route de chez mes parents, plutôt que de rester à Montréal, où j'étais pourtant bien. J'ai l'impression que j'y serais demeuré plusieurs années…

- ✓ En faisant preuve de détermination, on peut tout réussir, ou presque. Rappelle-toi à quel point c'était important pour moi de devenir policier pour aider les gens – je m'étais donné jusqu'à l'âge de trente ans pour y arriver, et j'y suis parvenu à 21 ans à peine.

8

Parents, entraîneurs et sportifs

Depuis que je suis adolescent, j'ai toujours su que je ne voulais pas avoir d'enfants à moi, mais qu'il y en aurait autour de moi. Ma « p'tite » voix me le criait, et, comme d'habitude, je n'ai absolument pas regretté de l'avoir écouté. J'ai eu le privilège d'habiter avec ma copine Lorraine et ses deux filles, Jessica et Stéphanie, pendant 7 ans, de 2003 à 2010. Elles avaient 7 et 8 ans quand nous avons commencé à habiter ensemble, et elles sont parties à 14 et 15 ans. Nous habitions presque à temps plein ensemble. Même si ça fait plus de 10 ans que je ne suis plus en couple avec leur mère, je les vois encore environ deux fois par année, pendant les vacances d'été et la période des fêtes, le temps d'un bon souper ensemble. Nous n'avons parfois aucune idée de l'impact que peuvent avoir nos actions à long terme. On récolte ce que l'on sème. Avec ces deux filles, j'ai semé beaucoup d'amour auprès d'elles, et j'en récolte encore beaucoup de leur part aujourd'hui.

Comme je l'ai mentionné précédemment, lorsque j'ai fait le choix de devenir policier afin de réaliser ma mission de vie, qui est d'aider les gens, je m'étais promis qu'aussitôt mon diplôme en poche, je ferais du bénévolat tout le reste de ma vie. J'ai tenu ma promesse et je la tiens toujours. Je suis donc devenu entraîneur de soccer, et j'ai occupé ce poste pendant 24 ans au niveau compétitif, de 1997 à 2021. Cela m'a permis d'honorer deux de mes plus grandes passions : l'entraînement des enfants et le soccer. Il n'y a rien que je trouve plus inspirant que de voir des jeunes qui jouent au soccer.

Je croyais qu'il y avait peu de risques que les enfants que j'entraînais touchent aux drogues, à l'alcool ou à d'autres substances nocives, et que ça les aiderait à acquérir une bonne hygiène de vie (bon sommeil, activité physique, bonne alimentation, diminution du stress et de l'anxiété, développement de relations saines et durables). J'ai aussi la ferme conviction que pour chaque enfant que j'entraîne, j'aide en même temps les parents. On multiplie donc par trois! Ainsi, si j'ai sous ma responsabilité une équipe de 16 joueurs, il y a 48 personnes qui bénéficient des retombées positives. On pourrait même y ajouter les frères et sœurs. Je travaillais beaucoup l'estime de soi en les faisant se sentir uniques et importants au sein de l'équipe.

Je leur expliquais qu'une équipe, c'est comme une meute de loups et que chaque loup est différent et important dans la meute : il y en a des plus vieux, des plus sages, des plus jeunes, des plus rapides, des plus forts, des plus réfléchis, des plus instinctifs, des plus rassembleurs. Bref, c'étaient les différences de chacun qui faisaient la force de l'équipe. Pour ce qui est de mes équipes féminines, je parlais d'une troupe de lionnes.

À retenir

- ✓ Sache qu'en tant que parent, ton enfant apprend davantage par le modèle que par les paroles.
- ✓ Montre par l'exemple qu'un parent épanoui, équilibré, positif, heureux, en paix et enjoué aura un impact beaucoup plus positif que des consignes sur les gestes à poser ou la façon d'agir.
- ✓ Montre à ton enfant que tu es un beau modèle – il n'est jamais trop tard pour lui révéler la meilleure version de toi-même.
- ✓ Aime-toi et priorise-toi pour montrer l'exemple à ton enfant.

9

Quelles sont tes passions ?

Dans le chapitre précédent, je parlais de deux de mes plus grandes passions : les enfants et le soccer. J'adore également aider mon prochain et comprendre l'être humain, les sports, les animaux et les voyages. Quelles sont tes passions ? Celles qui te maintiennent motivé, te donnent de l'énergie, et te font croire en quelque chose qui te fait sentir vivant.

Dans mon rôle de coach certifié en programmation neurolinguistique, j'ai souvent vu des femmes qui ont consacré une grande partie de leur vie d'adulte à l'éducation de leurs enfants et à leur carrière. À un certain moment – souvent lorsque le dernier enfant quitte la maison – elles se rendent compte qu'elles n'ont pas de passions et qu'elles n'ont pas consacré de temps à ce qu'elles aiment. Quand je leur demande quelles sont leurs passions, elles n'en ont aucune idée et elles aimeraient en avoir. C'est à ce moment que je leur demande ce qu'elles aimaient avant de devenir adultes et d'assumer des responsabilités. Et là, elles se rappellent de beaux souvenirs qui les faisaient vibrer, comme jouer d'un instrument de musique, peindre, pratiquer un sport ou une activité physique, etc. Parfois, elles essaient de nouvelles activités : des cours de danse, de cuisine ou de langue, mais aussi la marche avec une amie ou en groupe, le yoga ou le jardinage. L'important, c'est d'essayer.

Quelles sont tes trois passions ?

1. ____

____

2. ____

____

3. ____

____

10

Laisse aller ton enfant intérieur

Il y a plusieurs bonnes raisons de laisser aller ton enfant intérieur. Ne serait-ce que pour te garder jeune, énergique et vivant. L'enfant que nous avons tous en nous ne demande qu'à s'exprimer et à se laisser aller sans jugement.

Nous avons beaucoup à apprendre des enfants ! Quand on est enfant, tout est simple : on ne juge pas et on ne se sent jugé par personne. On agit spontanément, sans masque ni ego.

L'enfant a aussi cette faculté qu'on perd un peu en vieillissant : celle de s'émerveiller de tout et de presque rien. Il peut s'émerveiller aussi bien devant un animal, un oiseau ou un simple insecte, comme une fourmi, que devant l'eau qui coule ou une boîte en carton – tout devient pour lui une occasion de jouer avec.

Observe aussi comment l'enfant agit dans le moment présent. Il est absorbé par ce qu'il vit et son occupation du moment. Il ne pense à rien d'autre, ne s'en fait pas avec le passé et ne s'inquiète pas du futur, ni à court, ni à moyen, ni à long terme.

Un autre bienfait à tirer de l'exemple de l'enfant, c'est le rire. Sais-tu qu'un enfant rit en moyenne 300 fois par jour? Selon une enquête menée par Jennifer Aaker et Naomi Bagdonas de l'Université de Stanford, en Californie, ce chiffre diminue drastiquement jusqu'à l'âge de 23 ans, qui correspond à l'entrée sur le marché du travail, où l'on devient plus sérieux. Toujours selon cette étude, la fréquence des rires augmente à nouveau à partir de 70 ans, qui correspond à l'âge de la retraite.

Le rire apporte de nombreux bienfaits pour la santé. Ça libère le stress et l'anxiété, diminue les maladies diverses, oxygène les tissus, accélère la guérison des blessures et des maladies et stimule la production d'endorphine. Vingt secondes de rire équivaudraient à trois minutes d'exercice physique.

Alors pourquoi attendre 70 ans pour rire davantage?

Maintenant, comment peut-on laisser aller l'enfant intérieur? En participant à des activités dont les seuls buts sont d'avoir du plaisir et de s'amuser. Essaie de te souvenir de tes passe-temps préférés lorsque tu étais jeune. Est-ce que tu aimais bricoler, t'amuser par terre avec des animaux, jouer à des jeux, cuisiner des gâteaux, chanter, danser?

La durée n'est pas forcément gage de bienfait : il suffit parfois de danser une minute sur une musique entraînante – comme moi sur *Stayin' Alive* des Bee Gees.

Essaie-le quelques secondes et observe le changement au niveau de ton énergie. Je t'avoue que parfois, le matin, quand je veux avoir un peu plus d'énergie, c'est exactement ce que je fais sur *Stayin' Alive*. Je n'ai même pas besoin d'écouter la chanson au complet pour que je ressente une différence.

Nomme trois gestes que tu t'engages à poser cette semaine pour laisser aller ton enfant intérieur.

1. ____

   ____

2. ____

   ____

3. ____

   ____

11

Quelles sont tes croyances ?

Dans le chapitre précédent, je parlais de croire en quelque chose qui te fait sentir vivant. Avec la sagesse acquise au fil des années, j'ai compris que l'essentiel d'une croyance ne réside pas tant dans sa véracité que dans ce qu'elle nous apporte – par exemple, l'idée que l'âme continue d'exister après la mort du corps physique. C'est plutôt de savoir si notre croyance nous fait du bien. Si c'est le cas, on la conserve. Sinon, on s'en débarrasse.

Croyance limitante par rapport à croyance supportante

Depuis notre naissance, au fil de nos expériences, de nos relations et de nos pensées, nous nous sommes créé des croyances qui influencent nos vies quotidiennement. Nous entretenons ainsi des croyances limitantes qui nous empêchent d'évoluer vers quelque chose de plus grand, tout en continuant à nous y accrocher. Par exemple : je suis né pour un petit pain, je ne ferai rien de bon, je me contente de cet emploi, car je ne trouverai pas mieux, même si je ne suis pas heureux.

Nous sommes les seuls à détenir le pouvoir changer nos croyances : ça s'appelle la **liberté de choisir**. C'est un énorme pouvoir personnel. Malheureusement, beaucoup ne se servent pas de cette baguette magique qu'ils ont pourtant à portée de main pour transformer leur vie.

Première étape, et souvent la plus déterminante : en prendre conscience. Souvent, prendre conscience du fait que nous avons quelque chose à améliorer représente la moitié de la solution.

Deuxième étape : vouloir apporter un changement et y consacrer un minimum d'efforts. Je remarque souvent que les gens qui ne veulent pas y mettre d'efforts disent ne pas avoir de temps. Pourtant, ces mêmes personnes trouvent le temps de passer des heures chaque jour à des activités qui ne nourrissent en rien leur désir de changement ; par exemple, écouter la télévision et parcourir les réseaux sociaux.

Est-ce que j'emploie mon temps à ce qui compte vraiment ?

Investis en toi $$$

Un des plus grands constats que j'ai faits en observant les êtres humains, c'est qu'ils investissent beaucoup de temps et d'argent dans leur carrière, leur maison ou leur véhicule. Et pourtant, bien peu investissent dans leur développement personnel – celui qui leur permettrait d'être heureux au quotidien et de mieux traverser les épreuves de la vie. Il y a plusieurs façons d'y parvenir, notamment lire des ouvrages de développement personnel ou en participant à des conférences à ce sujet, qu'elles soient en ligne ou en personne. Il faut aussi s'adresser à des professionnels en relation d'aide : psychologue, sexologue, travailleur social, coach de vie certifié en PNL ou thérapeute spécialisé. Je crois que tout le monde devrait consulter, occasionnellement ou régulièrement, ces ressources afin d'être plus dans le bonheur et de vivre des éveils de conscience. Selon moi, c'est peu d'investissement pour tout ce que ça peut rapporter sur le plan humain.

Il est également important de se rappeler que le meilleur outil du développement personnel, c'est le temps qu'on consacre à une véritable introspection, car toutes les réponses se trouvent en soi. Il s'agit de prendre le temps de se poser les bonnes questions, par exemple :

- Quel est le besoin de mon être ?
- Qu'est-ce que je veux améliorer chez moi ? (Pour devenir une meilleure version de moi-même)
- Quelles sont mes valeurs ? (Faire des choix cohérents avec celles-ci)
- Quelle est ma mission de vie ?
- Quelles sont mes forces ? (Pour les exploiter)
- Quelles sont mes faiblesses ? (Pour les travailler)

Chaque heure consacrée à travailler sur soi se traduit par de nombreuses heures de mieux-être pour le reste de sa vie.

Souvent, cet exercice s'avère agréable et libérateur. Parfois, il fait remonter des blessures anciennes, et cela peut être douloureux. Mais souviens-toi : derrière chaque blessure se cache un cadeau, une occasion de croissance. Traverser ce processus demande de l'effort, mais il en vaut la peine – c'est ainsi qu'on se prépare un avenir plus doux, plus lumineux.

À travailler

C'est depuis l'âge de 18 ans que je cherche constamment à m'améliorer pour devenir la meilleure version de moi-même. Chaque année, je change et je veux continuer à m'améliorer.

Quels sont les trois aspects chez toi que tu veux améliorer ?

Réponse :

1. ______________________________

2. ______________________________

3. ______________________________

Nomme trois de tes croyances limitantes.

1. ______________________________
____

2. ______________________________
____

3. ______________________________
____

Nomme trois de tes croyances supportantes.

1. ____

____

2. ____

____

3. ____

____

12

Vive les gratitudes!

Selon l'article « Contrôler ses pensées pour contrôler sa vie », publié le 13 novembre 2017 sur le site Web europe1.fr, nous avons, en moyenne, 60 000 pensées par jour, dont 80 % sont négatives. Les chaînes d'information nous bombardent de nouvelles surtout négatives. Selon ce même article, 95 % de nos pensées sont les mêmes et reviennent jour après jour. Les chercheurs ont prouvé que ces pensées négatives nous menaient à la dépression et à l'anxiété. Ils ont aussi démontré que les pensées positives, à l'inverse, déclenchent une cascade d'hormones positives dans tout le corps, qui se traduit par un sentiment de calme et de paix.

La bonne nouvelle, c'est qu'on peut reconfigurer notre cerveau au moyen de diverses méthodes, dont la pensée positive. Parmi les pensées positives, rien de plus puissant que les gratitudes – cette reconnaissance des belles choses qui nous arrivent.

Voici ma phrase clé à retenir :

« Le bonheur, ce n'est pas ce qui nous arrive, mais la perception de ce qui nous arrive. »

Nous détenons donc le plein pouvoir sur nos pensées, à condition d'en prendre conscience et de vouloir ensuite les changer. C'est nous seuls qui choisissons de voir le verre d'eau à moitié plein ou à moitié vide. J'ai découvert la pratique des gratitudes à l'une des plus belles périodes de ma vie, lors du *Projet Bonheur* lancé il y a une dizaine d'années par Christine Michaud, spécialiste des pensées positives.

Il fallait écrire trois gratitudes le soir avant le coucher, reliées à ce que nous avions vécu dans la journée même. À ma grande surprise, alors que je me sentais déjà très bien, j'ai réussi à élever encore mon niveau de bonheur. Alors imagine l'impact positif potentiel sur les personnes anxieuses ou déprimées.

Essaie cette méthode, au moins pendant une semaine. Il est prouvé qu'elle améliore la qualité du sommeil et favorise un meilleur état d'esprit le lendemain.

Moi-même, j'écris dans un agenda mes trois gratitudes avant de me coucher. Actuellement, il m'arrive souvent de remercier la vie d'avoir savouré un bon repas, d'avoir admiré un beau paysage ou un animal, d'avoir passé du temps avec de belles personnes (amis ou famille), etc. Presque tout peut être une occasion de remerciement ou de gratitude.

Nomme trois gratitudes dans ta journée :

1. ____

2. ____

3. ____

13

Le pardon

As-tu à pardonner, à toi-même ou à quelqu'un d'autre ? Il est peut-être temps de t'y mettre. Le plus important dans le fait d'accorder son pardon à quelqu'un d'autre, c'est de ne pas oublier **qu'on le fait pour soi-même**, pour se libérer afin de retrouver la paix.

On propose deux manières : la première consiste à prendre son courage à deux mains et à s'adresser directement, en face à face, à la personne concernée. La deuxième, c'est d'écrire une lettre avec son cœur à la personne concernée, qui peut aussi être soi-même. On peut ensuite choisir de remettre la lettre, si cela est possible. Sinon, on peut organiser un rituel symbolique et la brûler. Une fois le rituel accompli, cela devrait permettre de libérer quelque chose d'énergiquement négatif qu'on traînait depuis longtemps. Cette libération aide ensuite à être vraiment dans le moment présent et à l'apprécier.

Nomme quelque chose que tu pourrais pardonner à quelqu'un.

Réponse :

____

____

____

Nomme quelque chose que tu pourrais te pardonner.

Réponse :

____

____

____

- ✓ Pardonner à quelqu'un pour toi-même, avant tout – pour ton bien-être personnel, peu importe ce que l'autre personne a fait.

14

Recadrer nos pensées

Il y a quelques années, j'arrivais au gym en même temps que mon amie Karine, avec qui j'essayais de faire coïncider nos entraînements, car nous aimions beaucoup travailler nos abdominaux ensemble.

Un jour, mon amie Karine et moi arrivons au gym en même temps – une belle synchronicité – chacun venant d'une direction différente. En commençant à monter les escaliers vers le deuxième étage, je lui demande : « Comment ça va ? » Elle me répond, avec une pointe de tristesse dans la voix : « Bof… ça va. C'est ma fête aujourd'hui – 45 ans – une année de plus ». Je lui dis alors : « Tu sais, vieillir est un privilège. Beaucoup aimeraient atteindre ton âge et n'en auront pas la chance. » Son visage s'est aussitôt illuminé. Son sourire est revenu, et nous avons eu droit à un bel entraînement – nos fameux abdominaux compris ! C'est ce qu'on appelle un « recadrage », en PNL : changer la perception d'un événement pour passer d'une vision négative à une représentation positive.

- ✓ Recadrer tes pensées te permet de changer ta perception d'une situation négative en une vision plus positive.

15

Amour et estime de soi

L'amour de soi et l'estime de soi vont de pair. Autant dans ma vie personnelle que dans mon rôle de coach en PNL, je n'ai jamais rencontré quelqu'un qui s'aimait vraiment tout en ayant une faible estime de lui-même – ni l'inverse.

20 % de mes clients viennent me consulter car ils ne s'aiment pas et n'ont pas confiance en eux. Parmi l'ensemble de ma clientèle, environ la moitié s'aime peu et manque de confiance en elle, même si ce n'est pas toujours la raison première de leur démarche. Il y a **beaucoup de conséquences négatives** à ne pas s'aimer. Quand on manque d'amour pour soi, il devient difficilee de se sentir bien au quotidien et de vivre dans le bonheur. Les pensées s'en ressentent aussi : elles deviennent plus souvent négatives, et il est plus ardu de rester dans l'amour et la paix.

Le manque d'amour et d'estime de soi va t'affecter au niveau professionnel et peut t'empêcher d'obtenir un meilleur emploi ou une promotion. Tu seras aussi moins porté à oser essayer des projets qui te sortent de ta zone de confort. Malgré ma grande timidité lors de mes débuts dans ma carrière de policier, je m'aimais et j'avais une grande confiance en moi. À 23 ans, fort de deux années d'expérience comme patrouilleur à la Sûreté du Québec, où j'étais déjà chef d'équipe, j'ai soumis avec détermination ma candidature pour un poste d'enquêteur aux crimes majeurs (meurtre, vol qualifié et agression sexuelle) en Abitibi. Je sais que je me suis bien débrouillé à l'entrevue, car je m'étais vraiment bien préparé. Finalement, ils ont retenu l'enquêteur du poste de Ville-Marie, qui comptait 15 ans d'ancienneté, dont 10 à titre d'enquêteur de poste – un choix logique, compte tenu de la jeune recrue que j'étais.

Un an plus tard, un policier m'a parlé de la possibilité de devenir agent d'infiltration et d'effectuer des achats de drogue à travers la province. Il ne m'en fallait pas plus pour avoir envie, une fois de plus, de sortir de ma zone de confort et de vivre une expérience complètement différente sur le plan personnel. À ce moment-là, je n'avais aucune idée des démarches à entreprendre, ni même si cette occasion était réelle. J'ai rencontré mon directeur du poste d'Amos, le sergent Guy Gaucher, et je lui ai fait part de mon intention de vouloir vivre cette expérience, qui se situait totalement en dehors de ma zone de confort, étant donné que j'étais timide et très *straight* (toutes mes excuses pour mon emprunt à l'anglais, il n'y a pas de meilleur mot en français pour décrire comment j'étais). Il m'a écouté sans dire un mot, sauf « Ok ».

Le sergent Gaucher était un homme de peu de mots, qui avait confiance en ses jeunes patrouilleurs, dont moi. J'avais alors beaucoup d'initiative et aimais m'impliquer dans divers projets et enquêtes : j'ai donné des conférences dans des écoles, participé au kiosque de prévention du crime au centre commercial, suivi la formation de technicien en alcootest et assumé le rôle d'enquêteur du poste. Tout cela s'est déroulé durant mes cinq premières années à la Sûreté du Québec, au poste d'Amos.

Le sergent Gaucher n'avait pris aucune note pendant notre rencontre et s'était contenté de m'écouter. J'ai vite oublié ce projet auquel je croyais peu, et c'est à ce moment-là que j'ai lâché prise. Ma surprise a été grande lorsqu'un mois plus tard, il m'a remis un questionnaire à remplir pour devenir agent double, ce que j'ai fait avec plaisir sur-le-champ. Environ un mois plus tard, j'ai été encore plus étonné d'être invité à suivre une formation d'agent double d'une durée de deux semaines.

Bref, tout cela pour dire que, malgré une grande timidité, il est possible d'accomplir beaucoup avec de la détermination, de l'amour et de l'estime de soi. Il suffit de le décider et d'avancer d'un petit pas pour amorcer le changement. Voici ce que je dis dans mes formations de groupe :

L'amour et l'estime de soi sont des choix : c'est à toi seul de décider si tu t'aimes et du niveau d'estime personnelle que tu te portes.

Il est donc primordial de savoir que ça n'a rien à voir avec ce que tu as vécu dans ton passé, ni avec ce que d'autres personnes peuvent t'avoir dit.

L'amour et l'estime de soi doivent être inconditionnels, peu importe ton passé.

Par exemple, tu peux avoir été en couple avec un pervers narcissique qui t'a rabaissé en te disant des choses qui ont affecté ton amour propre et ton estime. Un autre exemple : un de tes parents t'a répété que tu ne pourrais jamais rien faire de bon.

Dans un cas comme dans l'autre, il est certain que ça t'a influencé. Maintenant, tu as la liberté de choisir de t'aimer, d'avoir une bonne estime de toi et de répéter ce choix aujourd'hui et chaque jour.

Quelles sont les phrases ou les raisons que tu te répètes intérieurement et qui t'empêchent de t'aimer pleinement et d'avoir une bonne estime de toi ?

Réponse :

____

____

____

Quels sont les avantages de t'aimer et d'avoir une bonne estime de toi ?

____

____

____

____

____

Quels sont les avantages de ne pas t'aimer et d'avoir une mauvaise estime de toi ?

____

____

____

____

____

À la suite de tes réponses aux deux dernières questions, et sachant que l'amour et l'estime de soi sont inconditionnels, peu importe ton passé, est-ce que tu fais le choix maintenant de t'aimer et d'avoir une bonne estime de toi ?

Réponse :

___

___

___

J'espère que ta réponse est « oui ».

Donc, pour te permettre d'intégrer davantage cette nouvelle réalité, je t'invite à te répéter le plus souvent possible : « Je m'aime et j'ai une bonne estime de moi. » Idéalement, prends un moment pour te redire cette phrase au moins trois fois par jour, pendant une période d'au moins 21 jours. Selon les experts, c'est la période idéale pour ancrer une nouvelle habitude.

Il se peut qu'au début, tu le fasses seulement avec ton mental. Je t'invite à le faire de plus en plus avec ton cœur : visualise-toi en train de t'aimer et de ressentir une véritable estime de toi, jusqu'à ce que cela fasse naturellement partie de la personne que tu es devenue – une personne qui s'aime et qui entretient une bonne estime de soi.

Contrairement à ce que véhicule une ancienne croyance populaire, il n'y a rien d'égocentrique ni de malsain à se dire qu'on s'aime.

Il faut s'aimer soi-même afin de mieux aimer les autres, et être un modèle pour ceux qui nous entourent, surtout nos enfants.

- ✓ S'aimer et développer son estime de soi permettent de réaliser de grandes choses.

16

Connais-tu ton langage de l'amour ?

C'est Gary Chapman, pasteur et conseiller conjugal américain, qui a publié, en 1992, le livre de psychologie intitulé *Les 5 langages de l'amour*, qui explique les cinq manières d'exprimer l'amour avec son ou sa partenaire.

En ce qui me concerne, cela s'applique également à toutes les personnes que nous côtoyons régulièrement – les membres de notre famille, nos amis et nos collègues de travail.

Les 5 langages de l'amour :

1. Les paroles valorisantes : ce sont les mots doux, les compliments, les encouragements, les gratitudes.

2. Les moments de qualité : ce sont toutes les occasions où deux personnes prennent le temps d'être vraiment ensemble – pour discuter en profondeur, partager des moments sans interruption (et sans téléphone), et se confier l'une à l'autre.

3. Les cadeaux : ces toutes petites attentions qui démontrent que tu as pensé à l'autre en son absence. Il peut s'agir d'un objet acheté ou fabriqué.

4. Les services rendus : c'est de rendre service à l'autre personne par pur plaisir, en lui préparant un café ou un repas, en lavant sa voiture, en allant faire une commission pour elle, etc.

5. Le toucher physique : ce sont toutes les occasions de toucher physiquement à l'autre. Par exemple : les massages, les câlins, les baisers, les caresses, les promenades main dans la main, les gestes tendres, comme une main passée dans le dos ou dans les cheveux.

Il est très important de connaître les cinq langages amoureux afin de prendre conscience de notre préférence, et, par le fait même, de celle des personnes qui nous entourent, afin de mieux s'apprécier les uns les autres.

Car, habituellement, nous faisons aux autres ce que nous aimerions qu'ils fassent pour nous, alors que nos besoins sont souvent différents. Par exemple, mon langage de l'amour dominant est celui des paroles valorisantes. Je complimentais mon ex-copine, alors qu'elle me faisait plutôt des caresses, puisque son principal langage d'amour, c'était le toucher physique. Consciemment ou non, nous pensions que notre langage d'amour serait le même.

Alors, quand nous sommes conscients de chacun de nos langages d'amour dominants, il est plus facile de faire plaisir à notre conjoint, qui, lui, pourra nous rendre la pareille.

17

La puissance du premier petit pas

L'importance du premier petit pas. Il n'a l'air de rien, mais c'est le plus important, celui qui laisse place au suivant et tous les autres ensuite. Il te donne une direction, un objectif à atteindre, une motivation pour avancer sur la bonne voie et l'énergie nécessaire pour y parvenir. Par exemple, à l'école secondaire, lorsque j'ai commencé à faire du jogging, c'était pour me préparer à la course de fin d'année, une épreuve de deux kilomètres. À ma première sortie, j'ai fait seulement quelques pas de course. À force d'assiduité et de persévérance, je ne marchais plus comme à mes débuts, et, quelques années plus tard, je courais cinq kilomètres tous les deux jours.

Puis, en 1996, j'apprends que la Sûreté du Québec souhaite former une équipe d'athlètes multidisciplinaire pour la représenter aux Jeux mondiaux des policiers et pompiers de 1997 à Calgary. Cet événement réunit plus de 10 000 athlètes policiers et pompiers provenant de 70 pays. Je me rends donc à la boutique Courir de Longueuil et je demande à l'employé présent, Patrick, où je pourrais trouver un entraîneur. Il me répond : « Moi! » avec son plus beau sourire, du haut de ses six pieds deux pouces, et de sa silhouette élancée de 155 livres – une vraie charpente de coureur. Je lui ai mentionné que je disposais d'une heure par jour pour m'entraîner et lui ai demandé si cela suffisait pour courir cinq ou dix kilomètres.

Un an plus tard, je me retrouve, avec l'équipe multidisciplinaire de la Sûreté du Québec, dans un avion en direction de Calgary. En route, je me dis que la pire place à obtenir, c'est la quatrième : elle est honorable, mais sans médaille. Devine à quelle position je me suis classé lors de mes deux épreuves de demi-fond – le cinq et le dix kilomètres? Eh oui : quatrième aux deux courses, dans la catégorie des 30 à 34 ans. Sur la piste de 400 mètres, au dernier tour, j'étais au coude à coude avec un pompier australien pour la troisième place. Il a lancé son accélération un peu avant moi et a franchi la ligne en 18 minutes 34 secondes. J'ai terminé trois secondes plus tard, en 18 minutes 37 secondes. Trois petites secondes qui m'ont privé d'une médaille et d'un podium.

Ce que je retiens, après toutes ces années, c'est que le simple fait d'avoir pensé que la quatrième place était la pire m'a conduit exactement à ce résultat. Sans m'en rendre compte, je m'étais programmé pour terminer deux fois en quatrième position.

J'ai ensuite pris part à plusieurs autres Jeux mondiaux des policiers et pompiers : Stockholm (Suède, 1999), Indianapolis (États-Unis, 2001), Barcelone (Espagne, 2003), Québec (2005), Vancouver (2009) et enfin New York (2011). Durant toutes ces années, j'ai fait preuve d'une grande détermination et d'une discipline constante. Je peux affirmer avoir été le policier le plus rapide de la Sûreté du Québec, sur les distances de cinq et dix kilomètres, et je figurais parmi les trois meilleurs sur les 15 000 policiers de la province.

Seuls Louis, un policier de la Ville de Montréal, ayant déjà participé aux Jeux du Commonwealth, et Benoît, aussi de la Ville de Montréal, couraient plus vite que moi sur les distances de cinq et dix kilomètres (km). Voici mes records :

Distance (km)	**Durée de la course**
5	17 min 12 s
10	35 min 36 s
21,1 (demi-marathon)	1 h 24 min
42,2 (marathon)	3 h 3 min

J'ai couru huit marathons et participé à environ une centaine de compétitions de course à pied et de triathlon.

Tout ça pour dire que lorsqu'on fait un petit pas, on ne sait pas encore où ça peut nous mener, et surtout combien d'autres on fera par la suite !

Qui aurait cru que, lorsque j'ai commencé à m'entraîner pour courir deux kilomètres au secondaire, j'en viendrais quelques années plus tard à courir un marathon de 42,2 kilomètres ?

C'est pareil dans toutes les sphères de notre vie : on peut toujours s'améliorer dans au moins un aspect. C'est ce que je fais depuis l'âge de 20 ans, et je trouve toujours des aspects à améliorer ou à changer. J'adore me remettre en question pour le plaisir, et aussi pour ne pas devenir rigide ou borné. J'aime garder l'esprit ouvert et échanger avec des personnes qui voient les choses différemment de moi. Ces personnes me permettent de grandir.

Qu'est-ce que tu voudrais améliorer ou changer chez toi ? Comme je le demande souvent à mes clients en PNL, prends un moment pour te demander quel est le besoin de ton être et ce que tu veux améliorer, puis pose un premier petit geste en ce sens.

Ensuite, pose-toi la question : Par quoi puis-je commencer pour atteindre mon objectif? Quel est le premier petit pas qui pourrait t'en rapprocher? Toutes les réponses se trouvent déjà en toi. Il suffit simplement de prendre le temps de te connecter à toi-même – par la méditation, la réflexion ou toute autre pratique de pleine conscience – et de te poser les bonnes questions, comme celles que je viens d'énoncer.

Note 1 : C'est dans le silence qu'on trouve les plus belles réponses.

Note 2 : Évite les distractions qui ne te font pas du bien ou qui ne sont pas alignées avec tes objectifs – comme, parfois, les médias sociaux. Prends conscience de la façon dont tu utilises ton temps libre.

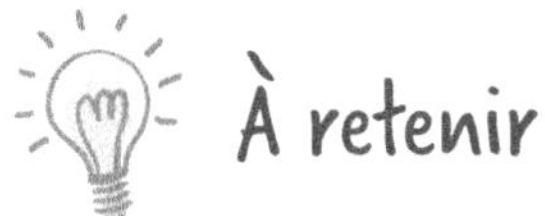

- ✓ Sortir de ta zone de confort et faire confiance à ce qui suivra tout en lâchant prise. Essayer de nouvelles choses en avançant par petits pas, comme je l'ai fait à mes débuts en jogging, jusqu'à ce que cela devienne une habitude – je cours maintenant cinq fois par semaine et participe à des demi-marathons.

À travailler

Que pourrais-tu essayer de nouveau ou recommencer après ne plus l'avoir pratiqué depuis longtemps ?

Réponse :

___

___

___

18

Le moment présent

Quel est le moment le plus important ? Je suis convaincu que tu vas me répondre : « le moment présent ». On est tous d'accord là-dessus. Alors combien d'entre nous réussissent à être vraiment dans le moment présent ? Et, plus rares encore, combien y parviennent de façon régulière ?

Dans ce chapitre, je t'explique les avantages d'être dans le moment présent et comment réussir à l'être davantage.

Premièrement, si tu n'es pas dans le moment présent, ça veut donc dire que tu es soit dans le passé, soit dans le futur. Si tu es dans le passé, ça signifie que tu ressasses des pensées sur des événements qui se sont déjà produits et qui peuvent être en lien avec tes blessures.

Si tu souhaites en savoir plus sur les cinq grandes blessures, je te recommande le livre *Les 5 blessures qui empêchent d'être soi-même* de Lise Bourbeau, pionnière dans le domaine du développement personnel et spirituel au Québec et à l'échelle internationale. J'ai eu le privilège de suivre plusieurs formations de cette grande dame que j'admire, qui, à l'âge de 80 ans, dégage encore l'énergie d'une femme de 50 ans ! Les cinq blessures forment l'acronyme **TRAHI** :

Trahison

Rejet

Abandon

Humiliation

Injustice

Parmi ces 5 blessures, je t'invite à nommer les 3 qui t'ont le plus marqué dans le passé :

1. ____

2. ____

3. ____

Donc, si tu repenses à ton passé à travers le prisme de tes blessures, il y a de fortes chances que refassent surface des sentiments de colère, de honte, de tristesse, de culpabilité, etc.

Alors il est temps d'accepter ce qui s'est produit, car tu ne peux plus le changer. La seule chose que tu peux transformer maintenant, c'est ta perception de ces événements : reconnais que tout ce que tu as vécu t'a permis de grandir et d'évoluer. Ressens de la gratitude pour ce parcours, car il t'a façonné tel que tu es aujourd'hui.

Comme j'aime le dire dans mes conférences, un échec n'est pas un échec, c'est un apprentissage. Es-tu d'accord avec moi pour dire que l'on évolue davantage à travers des épreuves que lorsque l'on traverse une vie sans histoires ?

Ça ne veut pas dire pour autant qu'il faille souhaiter les épreuves. Mais lorsque tu en traverseras une, essaie de la voir comme un cadeau mal emballé : elle peut d'abord paraître négative, mais tu as toujours le choix – rester enlisé dans la douleur ou en tirer des apprentissages qui te feront grandir et évoluer.

Reste dans le moment présent et concentre-toi sur le positif. Plus tu nourris cette attitude au quotidien, plus le positif prendra de l'expansion dans ta vie, tandis que le négatif perdra de son emprise. N'oublie jamais une chose : ce sur quoi tu portes ton attention grandira.

On est tous d'accord là-dessus, n'est-ce pas ?

Pour cultiver des pensées plus positives, commence par de petites situations du quotidien – par exemple, lorsque tu es coincé dans la circulation. Plutôt que de t'impatienter, profites-en pour te détendre, écouter de la musique, une méditation ou un podcast.

Une fois que tu y parviendras dans de petites situations, exerce-toi à faire de même dans des contextes plus importants. Tu auras ainsi créé dans ton cerveau un nouveau chemin neuronal, qu'il te suffira d'emprunter à nouveau lorsque de nouveaux défis se présenteront.

Maintenant, à l'inverse, si tu es quelqu'un qui se projette plus souvent dans le futur que dans le passé, tu es donc plutôt de nature anxieuse et enclin à t'inquiéter de ce qui pourrait arriver.

Il est normal de planifier l'avenir et de se fixer des objectifs, mais cela devient anxiogène lorsque ces pensées prennent trop de place, au point de générer du stress ou même de l'insomnie.

Que dois-tu faire lorsque cela se produit ? Comme pour tout ce que j'ai mentionné dans ce livre pour accroître ton bonheur et ton bien-être, la clé réside dans la prise de conscience de la situation. Rappelle-toi que lorsque tu es conscient de la situation, tu détiens déjà 50 % de la solution.

Nomme trois situations pour lesquelles tu pourrais choisir de ne plus t'inquiéter à partir de maintenant.

1. ______________________________

2. ______________________________

3. ______________________________

Ensuite, il s'agit de passer à l'action et, dans ce cas-ci, tu veux te ramener dans le moment présent. Trouve-toi une phrase clé pour revenir dans le moment présent. Moi, ma phrase, c'est : « Je reviens ici et maintenant. »

Lorsque je me répète cette phrase, je le fais en pleine conscience, c'est-à-dire que je reste immobile pendant quelques secondes, debout ou assis, et je concentre mon attention sur mes cinq sens. Je regarde avec mes yeux ce qu'il y a à voir, j'écoute les sons de mon environnement, je sens les odeurs avec mon nez et, au niveau du toucher, je ressens le vent, le froid ou la chaleur.

Je prends aussi conscience de l'air que j'inspire par le nez ou la bouche. À ce moment bien précis, je suis pleinement dans le moment présent et je me sens tellement bien. Vas-y, je t'invite à y consacrer les 60 prochaines secondes. Je te souhaite un bon moment présent!

Décris comment tu t'es senti pendant ces quelques secondes :

____

____

____

____

____

____

Si tu t'es senti comme moi, tu as peut-être eu l'impression que tout se déroulait au ralenti – un peu comme dans *La matrice*, lorsque le héros voit la balle venir vers lui et parvient à l'éviter au dernier instant.

Nous sommes aussi dans le moment présent lorsque nous faisons ce qui nous passionne. Pour ma part, comme ornithologue amateur, je le ressens pleinement lorsque je me trouve en forêt à observer les oiseaux – surtout en mai, à leur retour de migration, quand les arbres ne portent pas encore de feuilles. Dans ces moments-là, je suis totalement dans le moment présent, dans le silence, à écouter les chants des oiseaux et à les observer tout autour de moi. Je t'assure que je ne pense absolument à rien d'autre.

Quelles sont les passions qui te permettent de te retrouver pleinement dans le moment présent ?

1. ______________________________

____

2. ______________________________

____

3. ______________________________

____

Je t'invite à être le plus souvent possible dans le moment présent, notamment lorsque tu effectues tes tâches quotidiennes, par exemple laver la vaisselle, te brosser les dents, prendre ta douche, etc.

En mobilisant tes cinq sens, concentre-toi uniquement sur ce que tu fais ici et maintenant. Plus tu pratiqueras cet exercice, plus il deviendra naturel d'habiter pleinement le moment présent. C'est comme un muscle : plus tu l'entraînes, plus il se renforce.

Quand je suis pleinement dans le moment présent, il n'y a rien qui me dérange ou qui m'affecte : je ressens une paix intérieure puissante où rien ne vient diminuer mon état de zénitude. Je t'invite à mettre en pratique le plus souvent possible cette citation de

Bouddha : « Ne demeure pas dans le passé, ne rêve pas du futur, concentre ton esprit sur le moment présent. »

Il est aussi important de vivre le moment présent avec ceux qu'on aime, car nul ne sait quand la vie nous séparera. Ne repousse pas trop les projets avec les personnes qui te tiennent à cœur, et fais-leur des compliments sans attendre qu'elles soient décédées. As-tu remarqué que, pour la majorité d'entre nous, nous avons tendance à souligner ce qui ne va pas plutôt qu'à faire des compliments ?

19

Le lâcher-prise

Pour moi, le lâcher-prise est la suite logique du chapitre précédent sur le moment présent, car pour vivre pleinement cet état, il faut aussi apprendre à lâcher prise sur le passé, sur ce qui est et sur le futur.

Que veut réellement dire lâcher prise ? Si on s'en tient aux mots, on pourrait penser que c'est le fait d'être inactif, alors qu'en réalité, c'est de se mettre en action et de lâcher prise sur le résultat ou sur ce qui adviendra. On désire quelque chose, on fait ce qu'il faut pour l'obtenir et ensuite, on lâche prise sur le résultat en faisant confiance à ce qui sera là au moment opportun.

L'univers travaille toujours de concert avec nous pour qu'on réussisse. Je t'assure que ça fonctionne incroyablement. Toutes les fois où j'ai voulu obtenir quelque chose que je désirais en lâchant prise, j'ai toujours obtenu ce que je voulais – ou même mieux. Le plus bel exemple que je peux donner, c'est lorsque j'étais patrouilleur à mes débuts à la Sûreté du Québec.

Au poste d'Amos, en Abitibi-Témiscamingue, j'ai soumis ma candidature à trois reprises au poste d'enquêteur pour les crimes majeurs au quartier général de Rouyn-Noranda. J'ai passé trois entrevues après trois, quatre et cinq ans d'ancienneté seulement à la Sûreté du Québec pour ce poste qui me tenait vraiment à cœur, car je voulais travailler sur d'importants dossiers criminels et ce, même si j'avais seulement 24, 25 et 26 ans lors de ces trois entrevues.

Évidemment, chaque fois, le policier retenu avait beaucoup plus d'expérience professionnelle et avait mené plus d'enquêtes que moi. Bref, j'avais beaucoup de détermination, d'ambition, d'estime et de confiance en moi.

Par la suite, j'ai lâché prise sur ce poste que je convoitais tant et j'ai postulé à un poste encore plus difficile à décrocher, pour lequel il n'y a que peu de policiers qui réussissent les tests de sélection.

Le poste pour lequel j'avais posé ma candidature concernait la surveillance physique, plus communément appelée filature. Quarante policiers ont été sélectionnés pour les tests, et j'étais du nombre. Le premier consistait en une épreuve physique. Je m'entraînais en cardio et en musculation depuis l'âge de 16 ans, sauf pendant deux pauses – l'une de six mois après une séparation et l'autre de douze mois à cause d'une blessure au genou. Mon test est justement tombé à la fin de cette période d'inactivité.

À la fin du test physique, le dernier exercice consistait en des « burpees », un mouvement qu'on pourrait décrire comme un accroupissement suivi d'un saut, rappelant celui d'une grenouille. J'en avais fait douze lorsqu'on m'a demandé de recommencer, sous prétexte que je les avais trop bien exécutés. C'est là que j'ai compris : si j'en faisais davantage, je réussirais le test. Mais j'avais déjà tout donné… imagine!

J'ai donc demandé qu'on m'accorde cinq minutes de pause pour reprendre un peu mon souffle. Et devine combien j'en ai fait après ça? Dix-huit! Grâce à ma détermination, j'ai finalement réussi le test physique.

Ensuite, j'ai dû passer le test ultime : la conduite automobile, qui durait une heure et se divisait en trois parties.

1- La conduite normale

2- La conduite commentée

3- La conduite d'urgence en simulation de filature

Je savais que très peu de policiers réussissaient ce test. Même mon partenaire de l'époque, Michel, m'avait dit que je n'y arriverais pas. Pour ma part, je me voyais comme un simple conducteur moyen, rien d'exceptionnel.

C'est donc dans cet état d'esprit que j'ai quitté mon secteur de patrouille, dans la région d'Amos, où les routes à double sens à 90 km/h, pour me rendre au centre-ville de Montréal, au quartier général de la Sûreté du Québec, rue Parthenais, afin de passer ce test ultime.

J'étais complètement dans le lâcher-prise, conscient que j'avais plus de chances d'échouer que de réussir. Mais je croyais quand même en moi et en ma détermination. Je me suis dit : « Je vais donner mon maximum et on verra ce que ça va donner. » C'est exactement ça, le lâcher-prise.

C'est ainsi que mon test de conduite a commencé, avec un instructeur de conduite assis à côté de moi et un évaluateur de la filature à l'arrière. Laisse-moi te raconter une petite anecdote sur la dernière partie du test : la conduite d'urgence en simulation de filature. Pendant cette épreuve, l'évaluateur de la filature faisait jouer un enregistrement d'un « criminel à suivre », qui me dictait la route à emprunter.

À un moment donné, nous nous retrouvons sur l'autoroute Décarie, à Montréal, vers 10 h du matin. La circulation est dense, presque à l'arrêt, et je me retrouve dans la voie de droite. Soudain, l'enregistrement lance : « Le sujet va à vive allure. » Je ne réagis pas. Quelques secondes plus tard, la même phrase revient : « Le sujet va à vive allure. » Médusé, ne sachant que faire, je regarde l'instructeur et l'évaluateur : ils restent impassibles, silencieux. Et puis, encore une fois, j'entends : « Le sujet va à vive allure. »

Ma petite voix intérieure me dit alors : « Monte sur l'accotement à droite, surélevé d'environ six pouces, et roule toi aussi à vive allure. » Je le fais prudemment : j'ai à peine dix pouces de marge de chaque côté des rétroviseurs. À ma droite un mur de béton ; à ma gauche, les voitures presque à l'arrêt dans la voie de droite de l'autoroute.

Finalement, de retour au quartier général, en sortant du véhicule, l'évaluateur de la filature m'a lancé un pouce en l'air. J'ai compris que je venais de réussir le fameux test de conduite. Quelques semaines plus tard, j'ai appris qu'il ne restait plus que huit candidats sur les quarante du départ. Nous étions tous convoqués à deux semaines de formation, alliant théorie et pratique, avec une évaluation à chaque demi-journée durant la portion pratique.

Je me suis dit que je donnerais mon maximum, sans m'attarder au résultat, en espérant quand même réussir. C'est cela, le lâcher-prise. À la fin du processus et de la période de formation de deux semaines, il ne restait que quatre policiers sur les quarante sélectionnés au départ. Et devine quoi ?

Eh oui, j'ai réussi même si les statistiques ou les probabilités m'étaient défavorables au départ. C'est l'une de mes réalisations dont je suis le plus fier. Morale de l'histoire : n'écoute pas ceux qui cherchent à te décourager. Écoute plutôt ta petite voix intérieure, fais-toi confiance, garde ta détermination et lâche prise sur le résultat.

Lorsqu'on lâche prise et qu'on se concentre sur le moment présent et la tâche à accomplir, ça diminue le stress et l'anxiété, ce qui aide évidemment à mieux réussir. C'est exactement de cette manière dont je m'y suis pris pour toutes mes compétitions sportives.

J'ai tellement aimé travailler à la section de la filature que j'y ai consacré la majeure partie de ma carrière : vingt-deux ans, dont les cinq dernières comme sergent-chef d'une équipe de huit policiers.

Un emploi passionnant, sans aucune routine, puisque je travaillais avec toutes les grandes escouades d'enquête de la Sûreté du Québec – le rêve de ma vie devenu réalité.

Un jour, nous pouvions suivre un meurtrier ; le lendemain, un voleur – de banque, de maison ou d'auto – et, une autre fois, un terroriste, un pédophile, un fraudeur, un trafiquant de drogue ou d'armes, un incendiaire, etc.

Les demandes étaient nombreuses : au début de mon quart de travail, je ne savais jamais quel criminel j'allais suivre ni dans quelle région j'allais passer la journée.

Nous savions à quelle heure nous commencions, mais jamais à quelle heure nous terminerions, ni à quoi ressemblerait notre journée.

Il n'y avait vraiment aucune routine – quel bonheur!

Et toi, quelles sont les trois réalisations dont tu es le plus fier?

1. ______________________________

____

2. ______________________________

____

3. ______________________________

____

Avais-tu lâché prise sur le résultat ou tu angoissais par rapport à ce qui était pour arriver?

Sache que lorsque de nouveaux projets se présentent, rappelle-toi tes belles réalisations et puises-y l'inspiration, la confiance et la détermination pour en accomplir d'autres.

Contrairement à mon ami Christian qui, la nuit précédant un marathon, fait de l'insomnie et vomit parfois tellement il stresse par rapport au résultat, alors que moi, je dors comme un bébé. J'ai donné mon maximum aux entraînements et je lâche prise sur le reste – il arrivera ce qui doit arriver. Et pour que cette attitude s'installe vraiment, il faut se le répéter souvent.

En course, je donne toujours mon maximum et, la plupart du temps, j'obtiens d'excellents résultats. Pour les curieux, mon meilleur temps remonte à 2003, lors du marathon de Lévis : 3 h 03, soit une cadence moyenne de 4 minutes 20 secondes par kilomètre sur 42,2 kilomètres.

Comme tu peux le constater, le lâcher-prise joue un rôle essentiel dans la réussite de ta vie, qu'il s'agisse de ton travail, de ta santé, de ta famille de tes relations amicales ou amoureuses, de tes loisirs ou de ta pratique sportive.

Quels sont les trois domaines de ta vie dans lesquels tu aurais besoin de lâcher prise ?

1. ____

2. ____

3. ____

En résumé, le lâcher-prise, ce n'est pas de rien faire. Au contraire, c'est une action volontaire et dynamique. C'est continuer à agir, mais sans s'inquiéter du résultat ; s'occuper de l'avenir sans s'en préoccuper. Lâcher prise, c'est renoncer à tout contrôler, tout en gardant confiance en la vie et en l'Univers. C'est souvent dans ces moments-là que la vie nous offre de belles réussites, parfois modestes, parfois grandes – de véritables petits miracles.

20

La méditation

La méditation est un excellent outil pour t'aider à vivre davantage dans le moment présent et à cultiver le lâcher-prise, comme nous l'avons vu dans les deux chapitres précédents. Pour ma part, je médite généralement deux fois par jour, de cinq à dix minutes chaque fois, et cela m'apporte un immense bien-être.

Voici les plus grands bienfaits que la méditation me procure :

1. Calme mon mental et détend mon corps

2. Augmente mon niveau d'énergie

3. Élève mon taux vibratoire

4. Apporte une grande clarté, rendant les décisions plus simples et évidentes

5. Apaise mon ego au profit de mon âme

6. Diminue le stress

7. Réduit l'anxiété

8. Atténue les pensées négatives tout en favorisant naturellement les pensées positives

9. Renforce l'estime de soi et la confiance en soi

10. Fait grandir la gratitude et m'aide à savourer la simplicité – le soleil sur ma peau, le chant d'un oiseau, le goût d'un bon repas, le parfum d'une fleur, et tant d'autres petits plaisirs du quotidien.

Bref, ça me permet de méditer en pleine conscience en mobilisant mes cinq sens, m'apportant ainsi la paix d'esprit et le bonheur.

En 1984, à l'âge de 18 ans, alors que j'étais étudiant et que je travaillais comme vendeur au rayon de la plomberie d'une grande quincaillerie du centre-ville de Montréal, j'avais l'habitude d'aller dîner avec mes livres dans un coin tranquille de l'hôtel voisin. Chaque fois, je prenais quelques minutes pour lire et méditer, de cinq à dix minutes, ce qui me procurait un profond bien-être, une belle énergie et une grande clarté d'esprit.

Cela me permet de me reconnecter à moi-même et de faire une pause au milieu des préoccupations du quotidien, dans ce rythme effréné du métro-boulot-dodo.

Comment méditer ?

Tu peux méditer assis sur une chaise, au sol ou même allongé (mais attention à ne pas t'endormir, surtout si tu es fatigué). Pour ma part, je recommande la posture que je pratique moi-même – et qui, selon moi, est la plus répandue : assis par terre, les jambes croisées en position du tailleur, aussi appelée en indien, ou demi-lotus, où une jambe repose sur l'autre.

Garde le dos droit, comme si un fil invisible traversait ton corps pour s'étirer vers le ciel. Pose ensuite les mains sur tes genoux. Deux options s'offrent à toi : les paumes tournées vers le ciel, pour te relier à l'univers extérieur, ou vers le bas, pour te centrer sur ton univers intérieur. J'aime alterner ces deux postures, parfois même au cours d'une même méditation, selon mon ressenti. Garde la tête droite afin de favoriser une bonne circulation de l'air. Pour respirer, inspire lentement par le nez et expire doucement par la bouche.

Je te suggère aussi de placer un coussin d'environ trois pouces sous tes fesses pour plus de confort. Quant à la posture de ton esprit, surtout au début, il est normal d'avoir beaucoup de pensées – ton hamster intérieur risque d'être bien agité! Ton seul effort consiste à rester dans le moment présent : lorsque surgit une pensée, laisse-la passer sans la juger, sans t'y accrocher. Pour t'y aider, ramène simplement ton attention sur ta respiration.

Si ça peut te rassurer, sache qu'en ce qui me concerne, même si ça fait des années que je médite, des pensées surviennent encore occasionnellement dans mon esprit. La bonne nouvelle, c'est que même lorsque ton esprit vagabonde, tu bénéficies tout de même des bienfaits de la méditation.

21

Heureux dans la réalité

Cette expression a joué un rôle essentiel tout au long de mon parcours. Dès l'âge de 18 ans, dans ma quête du bonheur, mon objectif était d'être heureux, peu importe ce qui se passait à l'extérieur de moi. Je savais que je pouvais y parvenir en me répétant ces mots : « Heureux dans la réalité ». Ce mantra me rappelait de ne pas m'inquiéter des choses extérieures sur lesquelles je n'avais aucun contrôle – qu'il s'agisse des événements mondiaux (guerres, famines, catastrophes naturelles, etc.) ou des situations plus proches de moi, comme celles liées au travail, à la famille, aux amis ou à l'amour.

Grâce à ce mantra, j'arrive généralement à ne pas trop m'en faire. Et lorsque quelque chose me touche, je choisis d'accueillir, d'accepter et de faire confiance à l'Univers. En combinant cette pratique avec les outils que je t'ai partagés dans ce livre, tu verras que les épreuves t'affecteront moins longtemps et moins profondément. Tu as maintenant tout en main – il ne te reste qu'à les mettre en pratique.

22

Sortir de sa zone de confort

Sortir de sa zone de confort, c'est le fait de s'éloigner de ses habitudes, de ses routines et de son environnement familier pour explorer de nouvelles expériences, acquérir de nouvelles compétences et relever des défis qu'on n'a encore jamais surmontés.

La zone de confort désigne un état dans lequel une personne se sent en sécurité et à l'aise. Elle regroupe les activités, les pensées et les comportements familiers et bien maîtrisés, qui réduisent le stress et l'anxiété habituellement liés à l'inconnu.

Cependant, bien que confortable, cette zone peut devenir une prison invisible qui limite le développement personnel et professionnel. Y rester trop longtemps peut conduire à une stagnation, à une monotonie et à une diminution de la motivation à apprendre de nouvelles choses.

La plupart des gens préfèrent rester dans leur zone de confort, car on s'y sent en sécurité, c'est facile et ça ne nous demande presque aucun effort.

Paradoxalement, même si nous aimons rester dans notre zone de confort, nous souhaitons souvent obtenir de meilleurs résultats, progresser, recevoir des promotions, gagner davantage d'argent et faire de belles rencontres.

Es-tu en accord avec moi pour dire que si tu restes dans ta zone de confort, dans cette routine du métro-boulot-dodo, il ne risque pas de se passer grand-chose de nouveau ?

Si tu veux avoir de meilleurs résultats, tu dois sortir de ta zone de confort, c'est-à-dire faire face à tes peurs et prendre des risques. N'oublie pas : qui ne risque rien n'a rien.

La vraie question à se poser est la suivante : le risque – ou la peur – en vaut-il vraiment la peine ? Quels sont les véritables coûts associés à ces peurs ou à ces risques ?

Souvent, la peur du jugement – qu'il vienne des autres ou de nous-mêmes – en fait partie. Mais est-ce vraiment si grave ce que les autres pensent de nous ? Pour t'aider à apaiser cette peur, voici une phrase que j'adore que je t'invite à te répéter souvent.

L'avis des gens n'est que la vie des gens.

Oui, les gens vont te juger, surtout si tu fais quelque chose d'inhabituel ou de différent. Ils te jugeront peut-être le temps d'une pensée – dix secondes tout au plus – avant de replonger dans leurs propres préoccupations, à moins qu'il ne s'agisse de personnes avec qui tu vis au quotidien. Dans ces moments-là, demande-toi simplement : « Est-ce que je le fais pour moi ou pour les autres ? » – la réponse viendra d'elle-même.

Quels sont les avantages à sortir de ta zone de confort ?

En ce qui me concerne, malgré ma timidité, ma détermination et ma confiance ont toujours plus fortes. C'est ce qui m'a poussé à chercher sans cesse de nouvelles occasions de sortir de ma zone de confort. Voici les principaux bienfaits que j'en ai tirés :

1. Renforcer ma confiance en moi

Plus on ose affronter l'inconnu, plus l'image qu'on a de soi devient positive. Chaque petite victoire hors de sa zone de confort renforce la confiance qu'on accorde à ses propres capacités.

2. Permettre le développement personnel

En se confrontant à de nouvelles situations, on développe des compétences inédites et on renforce sa capacité d'adaptation. Qu'il s'agisse d'apprendre une langue, de voyager seul dans un nouveau pays, de relever un défi sportif, explorer un nouvel emploi, chaque expérience contribue à notre évolution.

3. Accueillir l'abondance par l'ouverture

En restant dans un cadre limité, on s'expose à peu de nouvelles occasions. À l'inverse, en explorant de nouveaux horizons, on se donne la chance de rencontrer de nouvelles personnes, d'apprendre des choses surprenantes et de vivre des expériences enrichissantes. Pour ma part, cette ouverture m'a apporté beaucoup d'abondance, comme je t'en parle vers la fin dans mon chapitre sur ce sujet.

4. Cultiver sa résilience

L'inconnu et le changement peuvent être inconfortables, voire stressants, surtout au début. Pourtant, plus on s'y expose, plus on devient résilient face aux imprévus et aux défis que la vie place sur notre route.

D'ailleurs, les événements les plus stressants sont tous liés à des changements auxquels on devra faire face tôt ou tard.

J'en profite pour te présenter les dix événements de la vie les plus stressants, selon l'échelle de stress de Holmes et Rahe – deux chercheurs qui ont mené une étude à ce sujet. Chaque événement s'est vu attribuer un score appelé « unité de changement de vie ».

Voici donc les dix événements de vie les plus stressants, ainsi que leur score :

1. Décès du conjoint ou d'un enfant – 100
2. Divorce – 73
3. Séparation conjugale – 65
4. Emprisonnement – 63
5. Décès d'un membre de la famille proche – 63
6. Blessure ou maladie grave – 53
7. Mariage – 50
8. Congédiement – 47
9. Réconciliation conjugale – 45
10. Prise de la retraite – 45

Comment sortir de sa zone de confort ?

1. Commencer par de petits pas

Comme je l'explique dans mon chapitre sur la puissance du premier petit pas, tout commence par une action simple : un petit geste, comme dire bonjour à un inconnu, essayer un nouveau restaurant ou changer son trajet habituel.

2. Accepter l'inconfort

Accepte la peur du changement et vois-la comme un défi pour évoluer davantage.

3. Déterminer des objectifs clairs et progressifs

Se donner des défis précis et réalisables permet d'avancer étape par étape à son propre rythme dans la bienveillance.

4. Garder en tête les bienfaits

Il est important de se rappeler que chaque fois que tu sors de ta zone de confort, tu contribues à quelque chose de plus grand dans ton développement personnel et professionnel.

5. Bien s'entourer

Pour réussir à sortir de sa zone de confort, mieux vaut s'entourer de personnes dont la zone de confort est plus large : des gens inspirants, ouverts aux nouvelles expériences et qui exercent une influence positive sur toi.

Exemples concrets où j'ai osé sortir de ma zone de confort :

- Prendre la parole en public, malgré ma timidité et mon côté introverti
- Découvrir de nouveaux sports à l'âge adulte, comme le hockey sur glace à 22 ans, la natation et le triathlon à 32 ans
- Changer de fonction à plusieurs reprises dans ma carrière, passant de patrouilleur à agent d'infiltration, puis à enquêteur, coach en PNL et guide accompagnateur de voyage, pour ne nommer que ceux-là.
- M'affirmer et prendre ma place auprès des gens que je côtoie, autant dans ma vie professionnelle que personnelle. Je te confie que je travaille encore aujourd'hui sur cet aspect et que je m'améliore chaque année un peu plus.

Bref, les avantages à oser prendre des risques sont nombreux : ils te permettent de grandir et de mener une vie plus épanouie. Je t'invite donc à passer à l'action avec l'exercice suivant.

Nomme-moi trois sorties de ta zone de confort que tu t'engages à faire, avec moi, dans les prochains jours ou les prochaines semaines.

1. ____

____

2. ____

____

3. ____

____

23

Être son meilleur ami ou sa meilleure amie

Quelle belle expression que celle d'être son meilleur ami ! Mais combien de personnes la mettent réellement en pratique ? Te considères-tu, toi, régulièrement, occasionnellement ou rarement comme ton meilleur ami ?

Avant d'aller plus loin dans ce texte, prends une ou deux minutes pour y réfléchir afin de mieux profiter pleinement de ce chapitre.

Si tu savais combien de femmes âgées entre 50 et 60 ans m'ont confié, en coaching, qu'après avoir élevé leurs enfants et leur avoir consacré presque tout leur temps libre, elles se sont retrouvées désemparées lorsque le dernier a quitté la maison pour devenir autonome. Elles ne savaient plus comment occuper leur temps libre. Elles n'avaient pratiquement jamais pris de temps pour elles, l'ayant consacré presque entièrement à leurs enfants, à leur famille, puis à leur carrière – et rarement à leurs loisirs ou à leurs passions. Résultat : elles ne savent plus vraiment ce qu'elles aiment.

Est-ce ton cas ? Vis-tu cette situation dans ta vie familiale actuelle, avec les enfants ?

Bonne nouvelle ! Il est encore temps de changer les choses et d'y remédier.

Cela me fait penser à la consigne donnée par les agents de bord lors de la présentation des mesures de sécurité en avion : en cas de déploiement des masques à oxygène, on demande toujours au parent de mettre le sien avant d'aider son enfant. Ça montre simplement que, sans être égoïste, il faut d'abord se prioriser avant de pouvoir prendre soin des autres – même de ses enfants.

Pour les aider, montre-leur l'exemple en te priorisant toi-même, afin qu'ils apprennent à en faire autant. Le meilleur moyen de leur montrer, c'est que tes bottines suivent tes babines. Avoir des loisirs et des passions, c'est tout ce qu'il y a de plus sain : ça permet souvent de mettre en pratique un autre vieux dicton – un esprit sain dans un corps sain.

Accorde-toi du temps libre pour pratiquer des activités que tu aimes et qui te font du bien – comme la marche, la randonnée en montagne, le jardinage, l'observation d'oiseaux, le yoga ou la peinture. Ces moments pour toi réduisent considérablement le risque d'épuisement professionnel, communément appelé « burnout ».

Je te pose une autre question : si tu es comme moi – et comme bien d'autres – combien de fois as-tu fait plus pour les autres que pour toi-même ?

Penses-y une minute…

As-tu déjà fait un détour pour acheter un cadeau ou un repas à quelqu'un d'autre, alors que pour toi, tu aurais sans doute laissé tomber ? Remarque comme il est souvent plus facile de se mobiliser pour les autres que pour soi-même.

Par exemple, quand on reçoit à souper, on se met souvent à préparer un meilleur repas – et même à faire un peu de ménage avant que la personne arrive. Mais pourquoi agir différemment lorsque c'est seulement pour toi ? C'est correct à l'occasion de se contenter d'un bol de céréales pour souper, mais tu mérites tout autant un excellent repas, même quand tu es seul. Et pourquoi ne pas t'offrir un cadeau, simplement de toi à toi ? Tu le mérites tout autant.

Autre exemple, si ton enfant ou ton conjoint est malade, tu vas décupler les efforts pour l'aider et même l'emmener voir un médecin. Est-ce que tu en ferais autant pour toi ?

Être son meilleur ami ou sa meilleure amie en couple

Il est très facile de s'oublier lorsqu'on est en couple, surtout dans un début de relation fusionnelle.

On rencontre un partenaire – tout nouveau tout beau… On s'aime de plus en plus, Mais, sans s'en rendre compte, on commence aussi à s'oublier. Peu à peu, toute notre vie tourne autour de l'autre : on veut passer tout notre temps ensemble et, tranquillement, on délaisse nos amis, nos activités, tout ce qui nous faisait du bien.

Jusque-là, tout va bien, à condition de garder les pieds sur terre, de rester pleinement conscient de ce qui se passe et de reconnaître que cette phase est passagère. L'essentiel, c'est de retrouver un bel équilibre où chacun conserve ce qui lui fait du bien, tout en partageant aussi des moments et des intérêts communs.

Le problème survient au moment où l'un des deux devient jaloux possessif et cherche à contrôler l'autre, en l'empêchant de faire ce qu'il faisait de sain avant la relation – comme ses activités sociales de groupe (marche, yoga, gym, etc.).

Il se peut très bien que les deux deviennent jaloux possessifs et se referment sur eux-mêmes jusqu'à ce que l'un des deux ne se sente plus bien dans la relation.

Si tu es rendu là, n'hésite pas à consulter un professionnel – seul ou en couple, selon ce que la situation permet. Tu peux, par exemple, t'adresser à un sexologue, un travailleur social ou un coach de vie.

Tu n'es jamais seul.

S'il y a une soirée où il est moins agréable de se retrouver seul, c'est bien le samedi soir.

Je me rappelle un samedi soir en particulier où j'étais célibataire et que je n'avais rien de prévu, aucune activité à l'agenda ! Je me suis dit : « Super ! Je vais être avec mon meilleur ami, c'est-à-dire moi. » Je me souviens qu'en ayant cette pensée, je me suis senti serein et joyeux. J'avais vraiment envie d'être seul avec moi-même.

Je me suis ensuite posé une question que je me pose régulièrement : quel est le besoin de mon être en cet instant précis ?

Mon être m'a donc soufflé l'envie de cuisiner un bon spaghetti pour souper et de regarder la partie de soccer à la télévision. Ça faisait longtemps que je n'en avais pas suivi une, moi qui ai joué pendant 30 ans et été entraîneur pendant 24 ans. J'ai donc décidé que je la regarderais et que je m'accorderais aussi du temps pour lire.

À travailler

Alors, pour t'aider à devenir davantage ton meilleur ami, qu'est-ce qui te vient spontanément à l'esprit et t'aiderait à le demeurer le plus souvent possible ?

Réponse :

___

___

___

___

À quel moment comptes-tu passer à l'action, maintenant que tu as répondu à la question précédente ?

Réponse :

___

___

___

___

24

Accroître son énergie

Mon objectif est de t'aider à cultiver un bonheur durable. Pour y arriver au quotidien, et sur le long terme, il est essentiel d'accroître ton niveau d'énergie – et tout commence par une bonne hygiène de vie.

Question :

Connais-tu les quatre piliers d'une bonne hygiène de vie ? Si oui, peux-tu les nommer ?

1. V____________________

2. A ____________________

3. S ____________________

4. E ____________________

1. Vie zen

Comment vivre plus zen, c'est-à-dire avec le moins de stress possible ? Rien n'est plus apaisant que de vivre dans le moment présent. Quand tu ressens de l'anxiété, c'est souvent parce que ton esprit se projette dans le futur ; et lorsque tu te sens déprimé, c'est que tu restes accroché au passé, à ressasser ce qui est déjà derrière toi.

Le simple fait d'en prendre conscience est déjà un pas important dans la bonne direction. L'une des meilleures façons de rester dans le moment présent, c'est de pratiquer la méditation régulièrement. Pour ma part, je médite deux fois par jour, de cinq minutes à dix minutes à la fois, en silence – cela me suffit amplement pour me reconnecter à moi-même et demeurer ancré dans le moment présent.

Lorsque je médite, cela m'aide aussi à vivre plus en pleine conscience, c'est-à-dire à voir ma vie avec davantage de clarté et de présence à ce qui s'y passe.

2. L'Alimentation

Pour moi, il ne fait aucun doute que l'alimentation influence directement notre niveau d'énergie. Les meilleurs aliments sont ceux qui se digèrent facilement, comme les légumes, ainsi que ceux riches en fibres, tels que les céréales à haute teneur en fibres.

Évite les aliments trop gras, comme les croustilles, ainsi que les glucides (sucres) en excès – en particulier les « 3 P » : pâtes, patates et pain. Comment te sens-tu après avoir mangé une grosse assiette de pâtes fettucine nappées d'une sauce crémeuse et du pain ?

Pour ma part, trente minutes après avoir mangé un tel repas, mon niveau d'énergie baisse radicalement et je me sens tellement plein que je n'ai pas d'énergie et de motivation pour faire quoi que ce soit.

Alors, quel petit changement pourrais-tu mettre en place pour accroître ton niveau d'énergie grâce à ton alimentation ?

Réponse :

___

___

___

___

N'oublie pas que chaque petit pas que tu fais t'oriente dans la bonne direction, et c'est ce qui est important. Je privilégie toujours la constance : avancer lentement mais sûrement, plutôt que d'apporter de grands changements rapides qui ne durent pas. Bien sûr, cela dépend aussi de ta personnalité – à toi de voir ce qui te convient le mieux.

3. Le Sommeil

L'importance d'un bon sommeil, tant en durée qu'en qualité. *Grosso modo*, si nous dormons en moyenne huit heures par nuit, cela veut dire que nous passons le tiers de notre vie à dormir.

Je crois que ça vaut le coup d'y consacrer un peu de temps, non ?

Je vais te partager mes meilleurs outils pour améliorer la qualité de ton sommeil. Commence par observer ta routine du soir : que fais-tu avant de te coucher ? Évite les repas trop copieux ou riches en gras et en sucre. Privilégie les légumes et les aliments riches en fibres. Et mange suffisamment tôt pour permettre à ton corps de digérer avant d'aller dormir, plutôt que de t'endormir l'estomac plein.

Les appareils électroniques, dont l'écran bleu produit une lumière semblable à celle du soleil, sont à éviter, car ils stimulent notre cerveau. Évite aussi les activités physiques dans les trois heures précédant le coucher, car elles élèvent le taux d'adrénaline et peuvent nuire à l'endormissement.

4. L'Exercice physique

Là encore, je mise sur la constance. Ayant été entraîneur de course à pied et de soccer, et pratiquant la musculation régulièrement en salle depuis 30 ans, je sais à quel point la régularité fait toute la différence.

J'ai tellement vu de gens commencer en force pour ensuite abandonner après quelques semaines. Les gyms en sont la preuve : ils débordent en janvier, puis se vident dès février, ne laissant que les habitués. Quand on débute, il vaut mieux y aller doucement et rendre l'expérience agréable, car le plaisir est la clé de la constance. Rappelle-toi qu'il faut en moyenne 21 jours pour instaurer une nouvelle habitude – ou en laisser tomber une mauvaise.

Au départ, t'entraîner trois fois 15 minutes par semaine, c'est déjà excellent quand on part de zéro.

Alors quel petit pas supplémentaire pourrais-tu faire pour bouger davantage et en retirer un vrai bienfait ? Que ce soit la marche, le yoga, le jardinage ou la natation, l'important, c'est de choisir ce qui te fait du bien.

Réponse :

____

____

____

____

Conclusion sur les quatre piliers d'une bonne hygiène de vie

Peu importe le pilier de ton hygiène de vie que tu choisis d'améliorer, cela aura un effet positif sur les trois autres et accroîtra ton niveau d'énergie. J'espère que ces conseils t'aideront à progresser vers une hygiène de vie plus équilibrée et durable.

25

Les zones bleues

Les zones bleues sont des régions où l'on vit mieux et plus longtemps dans le monde. En 2015, au Canada, l'espérance de vie à la naissance était de 84,1 ans chez les femmes contre 80,2 ans chez les hommes.

C'est tout de même bien loin de la longévité exceptionnelle observée dans des zones précises du monde, où la proportion de centenaires est particulièrement élevée. Ces régions, nommées *Blue zones*, ont été établies par deux démographes, Gianni Pes et Michel Poulain, ainsi que par le journaliste Dan Buettner, auteur de l'article « The Secrets of a Long Life », paru dans le magazine *National Geographic*, et du livre *The Blue Zones*.

Sardaigne, Italie

Dans cette zone, où la longévité est exceptionnelle, au sud-est de la province de Nuoro, 91 personnes sont devenues centenaires parmi les 18 000 qui sont nées dans la région entre 1880 et

1900. En comparaison, selon Statistique Canada, on comptait 17,4 centenaires pour 100 000 habitants au Canada en 2011.

Voici les quatre autres villes au monde où l'on retrouve plusieurs centenaires :

1. Okinawa, Japon
2. Nicoya, Costa Rica
3. Loma Linda, États-Unis
4. Icarie, Grèce

Dans son livre *The Blue Zones*, Dan Buettner dresse la liste des neuf caractéristiques que ces régions ont en commun :

1. Activité physique modérée et régulière
2. Réduction du stress
3. Alimentation saine (semi-végétarienne ou de type méditerranéen)
4. Restriction calorique
5. Consommation modérée d'alcool
6. Sens donné à la vie
7. Spiritualité ou pratique religieuse
8. Importance de la famille
9. Engagement social et intégration communautaire

J'aimerais maintenant aborder un cinquième pilier de l'hygiène de vie, dont on parle de plus en plus : l'importance des relations humaines, qu'elles soient familiales ou amicales.

Il est évident qu'entretenir des relations humaines saines et bienveillantes contribue grandement à accroître notre énergie et notre bonheur au quotidien.

On le sait bien, nous ne choisissons pas les membres de notre famille. Par contre, nous pouvons choisir le style de relation que nous voulons entretenir avec eux. Si un membre de notre famille est vraiment toxique et ne nous apporte que du négatif, nous avons quand même le pouvoir de l'exclure de notre entourage ou, du moins, de limiter nos rencontres avec cette personne.

Pour ce qui est de tes amis, assure-toi qu'ils sont en accord avec tes valeurs. Par exemple, deux des miennes sont le respect et l'authenticité. Je m'entoure donc de personnes qui incarnent ces qualités : des amis vrais, bienveillants et respectueux.

26

Ego versus esprit

Es-tu plus souvent dans ton ego ou dans ton esprit?

Voici quelques pistes pour répondre à cette question :

1. Es-tu plus souvent dans la peur – c'est-à-dire dans ton ego, où tes décisions sont guidées par la crainte – ou plutôt dans la confiance, dans ton esprit, envers toi, où tu agis avec foi envers toi, envers les autres et envers l'Univers?

Réponse :

____

____

____

____

2. As-tu tendance à vouloir tout contrôler (ego) ou à lâcher prise (esprit) face à ce qui t'arrive dans tes relations – qu'elles soient familiales, amoureuses ou amicales ?

Réponse :

___

___

___

___

3. As-tu besoin d'occuper une position de pouvoir (ego) dans une organisation, ou peux-tu simplement être toi-même, authentique et vrai (esprit), dans ta simplicité d'être humain ?

Réponse :

___

___

___

___

4. Est-ce que tu te compares aux autres (ego) ou ça t'importe peu (esprit) de voir d'autres réussir – sur le plan professionnel, amoureux, financier, amical ou matériel ? Es-tu même capable d'être sincèrement heureux pour eux ?

Réponse :

____

____

____

____

5. Es-tu souvent dans le jugement (ego) face à des personnes ou à des comportements différents des tiens, ou plutôt dans le non-jugement, l'acceptation et l'ouverture d'esprit (esprit) ?

Réponse :

____

____

____

____

À la lumière de tes réponses, tu comprendras que plus agis à partir de l'ego, plus tu ressens d'anxiété, de stress et d'inconfort. À l'inverse, lorsque tu te places dans l'esprit, tu vis davantage en paix, dans l'harmonie et l'amour.

D'une manière imagée, je vois notre ego comme un petit démon d'un côté, et notre esprit comme un petit ange de l'autre, qui sait ce qui est réellement bon pour nous. Le petit démon, lui, tente souvent de nous convaincre qu'il agit pour notre bien, même s'il nous éloigne de notre paix intérieure.

D'ailleurs, cette image me fait penser à une très belle histoire :

Un vieil amérindien explique à son petit-fils que chacun de nous a en lui deux loups qui se livrent bataille : un loup blanc qui représente la sérénité, l'amour et la gentillesse, et un loup noir, qui représente la peur, l'avidité et la haine.

— Lequel des deux loups gagne ? demande l'enfant.

— Celui que l'on nourrit, répond le grand-père.

Sagesse amérindienne

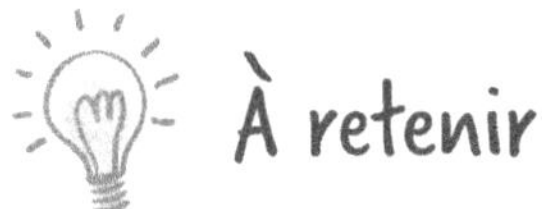

- ✓ Priorise-toi, ce n'est pas égoïste : il faut être bien pour pouvoir aider les autres.
- ✓ Utilise les moments de solitude pour prendre soin de toi.
- ✓ Essaie de maintenir une bonne hygiène de vie pour augmenter ton énergie et ta longévité.
- ✓ Nourris ton esprit pour être calme, plutôt que ton ego qui est anxiogène.

27

Es-tu dans le contrôle ?

Durant la vingtaine et la trentaine, dans la période où j'étais plus rationnel, j'avais un horaire de fin de semaine rempli au quart de tour, en pensant que c'était la meilleure manière de profiter au maximum de ces journées.

Et quel revirement majeur s'est produit chez moi dans la quarantaine ! Je planifie encore quelques activités, mais je laisse aussi de la place aux moments libres. Ces plages libres finissent souvent par se remplir d'elles-mêmes – par des activités ou des invitations de dernière minute. Et parfois, je savoure simplement de beaux moments seuls avec mon meilleur ami : moi-même.

Depuis que je ne planifie plus tout, il m'arrive de vivre des activités bien plus belles que lorsque j'essayais de tout contrôler. L'abondance se manifeste désormais souvent dans ma vie. Je lâche prise et je fais confiance à l'univers, qui me répond avec générosité. C'est d'ailleurs souvent dans ces moments non planifiés que je vis les belles expériences.

La recette pour éviter de vivre des déceptions ?

Il s'agit tout simplement d'apprendre à vivre en accueillant et en acceptant tout ce qui se présente, qu'il s'agisse d'un événement en apparence négatif ou positif.

Je te dirais, d'une certaine façon, qu'il s'agit d'apprendre à ne pas avoir d'attentes. Es-tu d'accord avec moi pour dire que, si tu n'en as aucune, tu ne vivras aucune déception ?

Ça ne veut pas dire que tu ne peux pas désirer des choses ou espérer des situations, au contraire, je te le recommande fortement. Rappelle-toi du chapitre sur la liste de l'année et la liste de vie. Tu dois te mettre en action et lâcher prise sur le résultat.

Et c'est à ce moment-là que la magie opère. Crois-moi, chaque fois que j'insiste trop pour obtenir quelque chose, il suffit que je lâche prise pour que cela se manifeste. Par exemple, quand je cherche un objet dans la maison ; aussitôt que je lâche prise et que j'arrête de le chercher, c'est à ce moment-là que je le retrouve.

28

As-tu des regrets ?

Les regrets peuvent devenir un vrai poison à mesure que les années passent. Il n'y a rien de plus triste que de voir mourir quelqu'un rongé par les regrets. Ce sujet a élégamment été traité dans le livre de Bronnie Ware, *Les 5 plus grands regrets au moment de la mort*.

Le regret est un phénomène qui me tient beaucoup à cœur, car ce sentiment pollue l'esprit et mine le potentiel de bonheur. Sois attentif face aux regrets : il n'est jamais trop tard pour te questionner ni trop tard pour agir. Tant qu'il y a de la vie, il y a de l'espoir !

En réfléchissant à tout cela, il y a plusieurs années, au moment où j'ai pris ma retraite de la Sûreté du Québec, je me suis demandé qui étaient les personnes les plus importantes pour moi, et si je leur avais accordé suffisamment de mon temps. À la première question, j'ai tout de suite répondu « ma famille ». Mon père, décédé en 2004, et ma mère, en 2023, ma famille se compose aujourd'hui de ma jeune sœur et de mes deux adorables nièces, Camille et Laurence, 18 et 21 ans, respectivement.

Bien que j'aie toujours été en très bonne relation avec les membres de ma famille, j'ai dû m'avouer que je les avais toutes tenues pour acquises pendant plusieurs années. Comme pour bien des gens, je croyais, un peu inconsciemment, qu'elles seraient là pour tout le reste de ma vie. En réalisant cela, j'ai compris à quel point je pouvais me tromper, je me suis fait un devoir de prendre contact avec elles plus souvent.

D'ailleurs, à cette époque, dès que la pandémie a commencé à régresser et qu'il est redevenu possible de voyager entre les régions, j'avais réservé un véhicule récréatif pour l'été. Cela nous a permis de partir tous ensemble pendant une semaine – une première depuis que ma sœur et moi sommes adultes. Imagine la joie de ma mère quand je lui ai annoncé mon intention !

Notre agenda était déjà rempli d'activités pour tous les goûts : visite du zoo de Saint-Félicien, au Lac-Saint-Jean, et du zoo Miller à Frampton ; randonnées dans quelques sites de la Sépaq, observation d'oiseaux… on a improvisé sur place pour le reste, selon la météo et nos envies. Mais ce n'est pas un hasard si j'ai eu cette idée : quelqu'un d'autre m'avait déjà montré le chemin ! En effet, si l'on souhaite maintenir de bons liens avec nos enfants quand ils sont adultes, il faut prendre le temps de passer de beaux moments avec eux lorsqu'ils sont jeunes.

J'aime les animaux depuis ma plus tendre enfance. À cette époque, pour me rendre heureux, mes parents m'offraient presque toujours des livres sur les animaux. Il y a huit ans, j'ai donc initié ma mère à l'observation des oiseaux afin qu'elle puisse mieux occuper son temps. C'est une des passions que j'ai développées au fil des ans. Mon initiative a vite porté fruit ! Depuis, ma mère s'est inscrite à un groupe d'ornithologie de son quartier. Ce passe-temps lui permet non seulement de rencontrer des gens intéressants, mais aussi de bouger davantage en allant à la découverte des oiseaux en pleine nature.

Aujourd'hui, nous partageons cette passion avec ma nièce Laurence, qui s'est jointe au groupe au début de la pandémie. Elle est même devenue une vraie spécialiste des oiseaux, au point de s'inscrire au concours *La grande année*, qui consiste à photographier le plus d'espèces d'oiseaux au Québec en une année. Ça te parle ? Plutôt que de regretter un jour de ne pas t'être intéressé à de nouveaux domaines, explores-en dès maintenant sur le Web. La grande toile fourmille d'idées ! En ce qui concerne l'ornithologie, si je t'ai donné envie d'en savoir plus, tu peux toujours aller consulter la page Facebook Ornithologie du Québec. Les gens y publient de magnifiques photos d'oiseaux du Québec. Tu verras, c'est contagieux !

Le bonheur se trouve dans le moment présent. On a entendu maintes fois cette affirmation. Pour bien se sentir dans le moment présent, selon moi, il n'y a rien de mieux que la nature. Quand on se balade en pleine nature, tous nos sens s'éveillent : la vue, l'ouïe, l'odorat, le toucher… et même le goût, si l'on sait reconnaître les végétaux comestibles. Le plaisir de repérer un bel oiseau et de se sentir connecté à la nature apporte immanquablement une bouffée de bonheur.

En effet, se balader en nature est tellement ressourçant que les Japonais y ont donné un nom bien précis : *shinrin-yoku*. En Occident, on appelle ça le « bain de forêt », ou la « sylvothérapie ». Cette pratique met de l'avant les bienfaits curatifs du contact avec la forêt, qui aide à rétablir l'équilibre physique et psychologique. Les médecins japonais prescrivent le bain de forêt à leurs patients pour contrer les effets nocifs du stress et de l'anxiété, les maux de notre siècle.

J'ai lu un article paru le 10 juillet 2018 sur le site etre-optimiste.fr, à la section bien-être du blogue, portant sur le shinrin-yoku et ses bienfaits. On y apprend que la forêt recèle huit pouvoirs guérisseurs reconnus par la science. Les voici :

1. Réduction du stress

2. Régulation du rythme cardiaque et de la pression artérielle

3. Apaisement du système nerveux

4. Renforcement du système immunitaire

5. Amélioration du système digestif

6. Longévité accrue

7. Stimulation de la concentration

8. Épanouissement de la libido

Ce qu'il y a de bien, c'est que de se connecter à la nature ne demande ni connaissances particulières ni grands moyens. C'est simple, accessible à tous. Il suffit d'en avoir la volonté. Alors ne laisse pas cette source de bienfaits et de bonheur devenir un regret.

Cela me ramène à Bronnie Ware, cette femme remarquable qu'on surnomme parfois la spécialiste des regrets. Elle vit en Australie, et c'est au fil de son travail en soins palliatifs qu'elle a recueilli les confidences de milliers de personnes en fin de vie. Son livre, devenu un best-seller, mérite d'être lu. Mais j'aimerais surtout te présenter brièvement les cinq grands regrets qu'elle a recensés, pour t'aider à éviter ce piège si humain. Comme je le disais plus tôt, il est toujours temps de rajuster le tir !

Voici les cinq plus grands regrets :

1. Je regrette d'avoir vécu selon ce que l'on attendait de moi et non en fonction de mes aspirations.

Combien de personnes font passer les besoins des membres de leur famille (parents, conjoint ou enfants) avant les leurs ? Il y en a tellement qui se soucient sans cesse de ce que les autres attendent d'eux ou pensent d'eux, et cela les amène inévitablement à réprimer leurs propres besoins. Trop de gens s'oublient, se perdent eux-mêmes et deviennent totalement déconnectés de leur essence. Or, notre essence est unique, elle nous est propre, et c'est notre devoir de la laisser s'épanouir et de la mettre au service des autres, pour le bien commun.

2. Je regrette d'avoir travaillé autant au détriment des autres aspects de ma vie.

En général, ce regret concerne davantage les hommes. Traditionnellement, les hommes ont été amenés à croire que le travail représentait la plus grande source de valeur et d'accomplissement, quitte à négliger d'autres dimensions de leur vie, notamment la famille. Cette vision tend toutefois à évoluer avec les nouvelles générations, en particulier depuis la génération Y. Les jeunes accordent une plus grande importance à leurs besoins personnels et à la qualité du temps passé en famille. Cette approche, plus centrée sur l'équilibre de vie que sur la performance, est parfois mal perçue par leurs aînés, habitués à mesurer leur valeur à travers leur rôle professionnel et image au travail.

3. Je regrette de ne pas avoir eu le courage d'exprimer ce que je ressentais.

Face à une situation qui nous confronte, on choisit parfois de se taire, même si on a besoin de partager ce que l'on ressent. Le plus souvent, on agit de la sorte pour ne pas déplaire. Pour la même raison, on choisit de dire « oui » lorsque, en vérité, on préférerait dire « non ». N'oublie pas que dire « oui » contre son gré, c'est un peu comme se dire « non » à soi-même. Ce genre de compromis crée un conflit intérieur qui, tôt ou tard, se transforme en regret.

4. Je regrette de ne pas avoir gardé le contact avec mes ami(e)s.

La vie va vite, et les jours nous glissent entre les doigts. Avec le temps et les événements, il arrive qu'on s'éloigne d'ami(e)s auxquels on tenait pourtant beaucoup. Ce n'est souvent que plus tard qu'on s'aperçoit à quel point ces personnes nous manquent… et combien cet attachement est partagé! Mais il n'est jamais trop tard pour reprendre contact.

À ce sujet, j'ai une anecdote à te partager, qui, j'ose l'espérer, t'inspirera peut-être.

À la veille de mes 50 ans, j'ai ressenti le besoin de revoir des gens que je n'avais pas vus depuis belle lurette, et j'ai eu l'idée de m'offrir un party de retrouvailles. Après une période d'hésitation – j'étais confronté à certaines peurs – je me suis finalement abandonné à l'idée et j'ai envoyé des invitations aux cinquante personnes les plus importantes pour moi que je souhaitais revoir.

Pour l'occasion, j'avais loué une salle et fait installer quatre tables pour un repas festif de quatre services. À chaque service, je changeais de table afin de profiter pleinement de la présence de chacun. La table principale réunissait les membres de ma famille et mes amis les plus proches. À la deuxième, prenaient place mes collègues de travail ; à la troisième, mes amis sportifs – triathlon et soccer – et à la quatrième, ceux avec qui je sortais les fins de semaine.

Lors de cette soirée, j'ai eu le plaisir de retrouver des gens que j'avais grandement appréciés, mais que j'avais perdus de vue avec le temps. Parmi eux, il y avait mon ancien entraîneur de course à pied, Patrick. En 1994, nous nous voyions régulièrement : il me faisait suivre un programme d'entraînement personnalisé, auquel se joignait occasionnellement sa conjointe, Annie, tout aussi attachante que lui. Après que j'aie abandonné ce programme, nos chemins se sont croisés à l'occasion, toujours avec beaucoup de plaisir, mais le lien s'est graduellement étiolé, faute d'entretien. En 2016, à l'occasion de mes 50 ans, j'ai été profondément heureux que Patrick et Annie acceptent mon invitation. Depuis, je me fais un point d'honneur de garder vivante cette belle amitié.

Ce jour-là, j'ai aussi reçu un cadeau inestimable, qui m'a profondément touché. Il venait de Jessica, la fille aînée de mon ex-conjointe, Lorraine. Lorraine et ses filles ont partagé ma vie de 2003 à 2009. À leur arrivée, Jessica n'avait que huit ans. Les filles passaient la majeure partie de leur temps avec nous, car elles ne voyaient leur père qu'une fin de semaine et un dimanche par mois. Même après notre séparation, survenue il y a plus de quinze ans, nous avons gardé un lien – surtout pour les filles – en nous réunissant chaque année, aux fêtes et pendant l'été, autour d'un souper.

Ce beau rituel nous a permis de préserver un lien fort, précieux pour chacun de nous. Jessica, une jeune femme d'une grande sensibilité, m'en est particulièrement reconnaissante. Le soir de mes cinquante ans, elle m'a dit spontanément : « Merci, Sylvain, d'avoir été présent alors que nos parents venaient de se séparer et qu'ils vivaient des conflits. Tu as été pour nous une source de calme, un repère tellement positif. »

Comment dire à quel point ces mots puissants et sincères m'ont touché ? Un bonheur incommensurable s'est installé en moi et ne m'a jamais quitté. Je suis bien fier d'avoir surmonté mes peurs du début. Ce party de retrouvailles a été l'un des plus beaux jours de ma vie ! Pour mes soixante ans, il y aura une autre fête – avec au moins soixante invités, et une table supplémentaire pour mes relations issues de la PNL et de la relation d'aide.

5. Je regrette de ne pas m'être permis d'être plus heureux.

Il est triste de devoir attendre d'être à l'article de la mort pour enfin prendre conscience que le bonheur, c'est maintenant. Peu importe ton travail, tes responsabilités, les décisions difficiles à prendre ou les belles occasions que tu as laissé filer, souviens-toi que l'essentiel, c'est toi, ici et maintenant. Tu es la seule personne à avoir un véritable pouvoir sur ton bonheur et ta destinée, et le moment présent est le seul espace où tu peux réellement agir.

Les gestes que tu poses dans le présent, tout comme ton inaction, ont un impact direct sur ton futur. N'hésite pas à te choisir quand c'est le bon moment. Ton bonheur rejaillira tôt ou tard sur tes proches, et tu t'en féliciteras.

L'antidote aux regrets : du temps pour soi

Comme je l'ai mentionné précédemment, certaines femmes, après avoir consacré tout leur âge adulte à leurs enfants, se retrouvent désemparées lorsque ceux-ci quittent le nid. Elles prennent alors conscience, non sans regret, de tout ce qu'elles n'ont pas pris le temps d'accomplir. En ayant fait passer leurs enfants avant elles pendant toutes ces années, elles se sont peu à peu oubliées. Ce même phénomène s'observe aussi chez ceux qui ont tout sacrifié pour leur carrière ou le sport de haut niveau. Combien d'entre eux se sentent vides au moment de la retraite ?

Lors de mes nombreuses randonnées en forêt, je rencontre souvent de jeunes parents, mères ou pères, qui marchent avec leur bébé sur le dos, ce qui suscite immanquablement l'admiration de tous. Aujourd'hui, on reconnaît de plus en plus l'importance de prendre soin de soi d'abord, pour être ensuite mieux en mesure de s'occuper des autres. N'oublie pas que dans un avion en détresse, lorsqu'on doit utiliser le masque d'oxygène, le parent doit toujours enfiler le sien avant de s'occuper de celui de son enfant.

À travailler

Maintenant, je t'invite à nommer tes trois plus grands regrets.

1. ____

   ____

2. ____

____

3. ____

____

Passage à l'action : Quand et comment vas-tu te mettre en action pour dissiper ces trois regrets ?

____

____

____

____

____

____

À retenir

- ✓ Vivre en fonction de ses aspirations.
- ✓ Ne pas travailler au détriment des autres aspects essentiels de notre vie.
- ✓ Avoir le courage d'exprimer ce que l'on ressent.
- ✓ Garder le contact avec nos amis.
- ✓ Se permettre d'être heureux.
- ✓ Prendre du temps pour soi : le meilleur remède aux regrets.

29

La spiritualité

Après avoir consacré quarante ans au développement personnel – dont les dix dernières de façon particulièrement intensive, la suite logique a été de m'ouvrir au développement spirituel, pour approfondir mon bien-être et ma compréhension de l'être humain à travers la dimension de l'âme.

Nous connaissons la pyramide des besoins de Maslow[1]. À la base, nous retrouvons les besoins physiologiques (respirer, boire de l'eau, dormir, s'abriter).

1. Pyramide de Maslow : https://blog.creasources.ca/les-besoins-fondamentaux-a-connaitre/

Ensuite, viennent les besoins de sécurité (logement, stabilité, routine, présence rassurante), le besoin d'appartenance (famille, amour, amitié, groupes divers) et le besoin d'estime de soi (avoir confiance en soi, image positive de soi, réussite). Le dernier niveau, au sommet de la pyramide, porte sur le besoin d'actualisation de soi, c'est-à-dire le besoin de se réaliser pleinement, tant sur le plan personnel que spirituel.

Avoir – Faire – Être

Mon évolution personnelle m'a permis de constater que lorsque j'étais dans la vingtaine, mon besoin se situait plus dans l'« avoir ». Par exemple, avoir un emploi, une automobile, une maison, etc. Puis, dans la trentaine et au début de la quarantaine, mon besoin était plus dans le faire, comme faire des voyages, faire des démarches pour avancer dans ma carrière à la Sûreté du Québec, etc. Depuis la mi-quarantaine, mes besoins sont davantage dans l'« être », comme être une meilleure version de moi-même, être en paix, être zen, être en relation d'aide avec les autres.

À travailler

Quels sont, pour toi, les trois plus grands besoins que tu dois combler actuellement ?

1. ______________________________

2. ______________________________

3. ______________________________

Outre nos besoins à combler, nous pouvons aussi nous développer sur quatre plans : physique, mental, émotionnel et spirituel. Sur le plan spirituel, nous cherchons à mieux nous comprendre, à clarifier nos valeurs, à découvrir notre mission et à avancer sur notre propre quête de sens.

En bref, c'est l'élévation de la conscience vers quelque chose de plus grand, qui n'est ni concret ni tangible. C'est un de mes buts principaux : atteindre une paix intérieure, un amour inconditionnel, un lâcher-prise, où les éléments extérieurs ne peuvent plus perturber mon être intérieur. Pour y parvenir, j'apprends à gérer mes émotions afin de demeurer le plus souvent possible dans la paix, l'amour et la joie, et ainsi maintenir un taux vibratoire très élevé.

J'aime beaucoup l'expression « Vise la lune et tu atteindras les étoiles », qui signifie pour moi : ne pas se mettre de limites, voir grand, et se fixer des objectifs ambitieux. Je te partage cette anecdote : lors de ma formation en PNL, une femme m'a fait une confidence en me chuchotant dans le creux de l'oreille : « Tu sais, Sylvain, je suis dans le bonheur 70 % du temps et je suis bien contente de cela. » Elle semblait vraiment s'en contenter, alors que moi, à ce moment-là et encore aujourd'hui, je me sens très près du 100 %. C'est l'une de mes forces en tant que coach : permettre à mes clients de toujours viser plus haut et ne pas se mettre de limites.

N'oublie pas ma croyance supportante : SKY IS THE LIMIT.

J'avoue humblement que je ne suis pas encore arrivé à un état où rien ne me dérange. Je continue à y aspirer, et cela me permet de m'en rapprocher un peu plus chaque jour. Cette démarche nourrit aussi mon désir d'être dans le bonheur le plus souvent possible et d'aider les autres à s'en rapprocher à leur tour. Je te confie que, pour moi, c'est mon état d'âme depuis l'âge adulte. Cette vision personnelle du bonheur, pour moi comme pour les autres, a toujours été très claire. Je l'ai d'ailleurs mentionné au début du livre en citant Socrate : « Connais-toi toi-même ».

Je ne le savais pas à ce moment-là, mais c'est à partir de cet instant que j'ai commencé mon éveil de conscience et, par le fait même, mon éveil spirituel.

Et toi, à quel moment as-tu commencé ton éveil de conscience et spirituel ? Ou peut-être ce livre est-il le point de départ de ton éveil ?

____

____

____

____

____

____

À travers ce cheminement, mes rencontres avec mes clients en coaching, ainsi qu'avec les experts en développement personnel et spirituel que j'ai eu le privilège de côtoyer, m'ont beaucoup appris. Au fil des ans, j'ai découvert l'existence d'une réalité plus vaste que moi : la présence de mes guides et de mes anges, la notion de vies multiples de l'âme, le sens de notre passage sur Terre – grandir et faire grandir – ainsi que l'existence de dons comme la clairvoyance ou la clairaudience.

J'ai rencontré une femme plusieurs mois avant le décès de ma mère, survenu le 18 juin 2023, à l'âge de 78 ans. Quelques jours après son décès, cette femme m'a contacté pour me dire que ma mère était venue lui parler et m'a demandé qu'on se rencontre en appel vidéo sur Messenger. Lors de cette conversation, cette amie – que je ne peux nommer pour des raisons de confidentialité – m'a transmis des confidences précises que seule ma mère connaissait, et que moi seul pouvais reconnaître. J'ai appris aussi qu'elle allait bien dans l'au-delà.

Je me suis même permis de faire une blague à ma mère décédée, en passant par mon amie clairaudiente : « Je te l'avais bien dit qu'on se reparlerait après ton départ ! » Elle a bien ri. Ma mère est décédée d'un cancer du poumon diagnostiqué en février, quatre mois avant son décès. Elle a donc séjourné dans une maison de soins palliatifs à Montréal, dans le quartier Ahuntsic, quelques jours avant son décès, où je lui avais justement dit qu'on se reparlerait après son décès. Évidemment, elle ne m'avait pas cru.

En sachant tout cela, lors des funérailles, je ressentais une grande tristesse et, paradoxalement, une profonde sérénité et une paix intérieure. C'était la première fois que je vivais ces deux émotions aussi intensément en même temps. J'étais dans la gratitude. J'avais souvent conseillé aux personnes endeuillées de se rappeler qu'elles pouvaient choisir de remercier la vie pour le temps passé avec l'être aimé plutôt que de fixer leur attention sur son absence. Et ce jour-là, je me suis surpris à appliquer à moi-même ce que j'avais si souvent partagé à ces personnes pour les aider à passer au travers : « Je suis dans la gratitude d'avoir eu cette mère-là aussi longtemps, plutôt que de me concentrer sur l'absence qu'elle laisse maintenant. »

Concernant la spiritualité, comme le Dalaï-lama disait : « Les humains peuvent vivre sans thé, mais ils ne peuvent pas vivre sans eau et, de même, ils peuvent vivre sans religion, mais ne peuvent pas vivre sans spiritualité. »

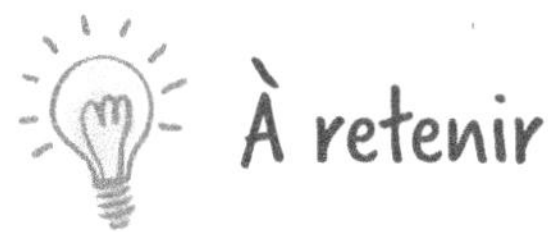

- ✓ Lâcher prise et donner le meilleur de soi, tout en diminuant l'anxiété liée aux résultats.
- ✓ Pratiquer la méditation et se reconnecter à soi-même pour apaiser le flot des pensées, surtout les pensées négatives.
- ✓ Utiliser un mantra personnel, comme « Heureux dans la réalité », pour réduire les inquiétudes.
- ✓ Satisfaire ses besoins en s'inspirant de la pyramide de Maslow afin de développer sa spiritualité, qui se trouve au sommet.

30

Quel est ton taux vibratoire ?

Nous sommes tous constitués d'énergie, plus précisément d'atomes que nous retrouvons dans toutes les matières : l'air, l'eau, la terre, les matériaux et les êtres vivants.

Cela fait en sorte que nous avons tous un taux vibratoire influencé par nos émotions, lesquelles sont affectées par nos pensées.

Selon l'échelle de conscience du Dr Hawkins, psychiatre et détenteur d'un prix Nobel, les émotions négatives (honte, culpabilité, peine, peur, colère) ont un taux vibratoire beaucoup plus bas que celui des émotions positives (paix, joie, amour).

Il est donc important de porter attention à nos émotions afin de maintenir un meilleur taux vibratoire, car on attire ce que l'on vibre. Cela signifie que si tu es dans la peine, la peur ou la colère, tu attireras des gens qui ont eux aussi un taux vibratoire plus bas que celui des personnes vivant régulièrement des émotions positives.

Niveau	Vibration	Emotion	Vue de la Vie
Illumination	700-1000	Indicible	La Vie EST
Paix	600	Béatitude	Parfaite
Joie	540	Sérénité	Complète
Amour	500	Respect	Bienveillante
Raison	400	Compréhension	La Vie a du sens
Acceptation	350	Pardon	Harmonieuse
Volonté	310	Optimisme	Pleine d'espoir
Neutralité	250	Confiance	Satisfaisante
Courage	200	Affirmation	Possible
Fierté	175	Mépris	Exigeante
Colère	150	Haine	Antagoniste
Désir	100	Envie	Décevante
Peur	75	Anxiété	Effrayante
Peine	50	Regret	Tragique
Apathie	30	Désespoir	Sans espoir
Culpabilité	30	Reproche	Malveillante
Honte	20	Humiliation	Misérable

On dit que nous sommes à l'image des cinq amis que l'on fréquente le plus. Je t'invite donc à nommer les cinq amis que tu fréquentes le plus en indiquant à côté de leur nom les trois traits de personnalité qui les caractérisent le plus.

1.			
2			
3.			
4.			
5.			

Est-ce que ce sont des personnes qui contribuent réellement à ton bien-être ? Si la réponse est non, je te suggère de prendre un peu de distance ou de laisser moins de place à ces relations, afin d'ouvrir de l'espace pour des personnes plus positives.

Je te confirme qu'au fil des ans, je cherche constamment à augmenter mon niveau d'énergie et, par le fait même, mon taux vibratoire, en étant de plus en plus dans le bonheur, la paix et l'amour.

En vivant de cette façon au quotidien, je vibre de plus en plus l'abondance, et j'attire à moi des personnes dont la présence et l'authenticité enrichissent nos contacts et nos échanges, et me permettent de grandir mutuellement avec elles. Cela me permet d'évoluer constamment et, évidemment, de devenir un meilleur coach, capable d'aider davantage de gens : c'est là le cœur de ma mission de vie.

31

Mes 12 commandements du bonheur

Voici en résumé les 12 commandements essentiels pour augmenter ton bonheur.

1. Choisir ses pensées

Nous avons toujours le choix de penser de façon positive ou négative face à n'importe quelle situation.

Le bonheur ne dépend pas de ce qui nous arrive (extérieur à nous), mais de la façon dont nous percevons les choses (intérieur de nous). Nous avons toujours la possibilité de choisir comment nous allons vivre un événement. C'est la phrase qui a changé ma vie !

2. Maîtriser ses réactions

Peu importe ce qui arrive, nous avons toujours le pouvoir de choisir la manière dont nous réagissons.

3. Se détacher des attentes

Cela permet d'éviter les déceptions et d'apprendre à accueillir pleinement ce qui se présente, sur-le-champ. Autrement dit, accepter immédiatement ce qui arrive dans l'instant présent.

4. Être dans la gratitude

Le bonheur se trouve dans la mobilisation de nos cinq sens pour apprécier les gestes et les moments simples.

5. Habiter pleinement le moment présent

S'attarder au passé nourrit la dépression. Se projeter trop loin dans le futur alimente l'anxiété. Vivre dans le moment présent, c'est s'ouvrir au bonheur.

6. Pratiquer le lâcher-prise

Une fois que l'on s'est mis en action, il est inutile de s'inquiéter du résultat. On fait confiance à l'Univers pour que les choses se déroulent comme elles doivent se vivre.

7. Accueillir l'impermanence

Tout ce que tu vis change continuellement, ce qui signifie que les difficultés d'aujourd'hui ne resteront pas forcément celles de demain.

D'ailleurs, pense à tous les problèmes que tu as vécus dans le passé et qui ne t'affectent plus aujourd'hui.

8. Choisir son taux vibratoire

Choisis de vibrer l'amour, la joie et la paix.

9. Méditer régulièrement

En calmant notre mental, on calme notre physique et vice-versa. En te reconnectant à toi-même, tu seras davantage en pleine conscience et feras ainsi de meilleurs choix plutôt que d'agir sur le pilote automatique.

10. Augmenter son niveau d'énergie en s'appuyant sur les cinq piliers d'une bonne hygiène de vie

1. Vie zen (sans stress ni anxiété)
2. Alimentation de bonne quantité et qualité
3. Sommeil
4. Exercice ou activité physique
5. Entretien de relations humaines positives

11. Nourrir l'amour et l'estime de soi

Dans les deux cas, il s'agit d'un choix, fait de manière inconditionnelle, indépendamment de ton passé. Tu choisis, ici et maintenant, de t'aimer et de développer une bonne estime personnelle, peu importe ce que tu as vécu ou ce que l'on a pu te dire dans le passé.

12. Intégrer les notions de développement personnel

N'oublie pas que tout est un choix. Pour que cette vérité s'intègre en toi, répète-la régulièrement, jusqu'à ce qu'elle devienne une part naturelle de ton être.

32

Ma playlist du bonheur

Je partage ici ma playlist du bonheur, celle qui m'aide à intégrer les notions de développement personnel, parce que connaître quelque chose ne suffit pas : il faut aussi l'incarner.

Il faut surtout intégrer ces notions. C'est d'ailleurs ce à quoi je m'engage au quotidien, autant dans ma vie personnelle qu'en tant que coach. Par exemple, presque tout le monde sait qu'on doit vivre dans le moment présent et le lâcher-prise.

Combien de personnes réussissent vraiment à intégrer ces notions dans leur vie quotidienne ? Pour ma part, j'écoute des chansons qui résonnent avec certains thèmes de développement personnel. À force de les entendre, ces messages s'ancrent en moi et m'aident à intégrer davantage les notions que je souhaite incarner. Je t'invite donc à t'inspirer de ma playlist pour créer la tienne.

Le moment présent

Enjoy the Silence, Depeche Mode

Écouter son cœur

Listen to Your Heart, Roxette

Gratitude

The World is Mine, David Guetta

Thank You, Dido

Beautiful People, Chris Brown

La détermination

Never Surrender, Corey Hart

Le pouvoir sur notre vie

It's My Life, Bon Jovi

Augmenter mon niveau d'énergie et d'intensité

Stayin' Alive, Bee Gees

Play Hard, David Guetta

Le lâcher-prise

Nothing Else Matters, Metallica

Ne pas être dans l'ego

Not Afraid, Eminem

Être dans l'amour

Crazy in Love, Beyoncé et Jay-Z

Être dans mon âme

Light of My Soul, Ajeet Kaur

Gayatri Mantra, Deva Premal et Miten with Manose

Être en paix

Give Peace a Chance, John Lennon et Yoko Ono

Pour notre croissance personnelle

Stronger (What Doesn't Kill You), Kelly Clarkson

33

Mon top 11 de mes livres du bonheur

Je te partage ici mes 11 livres coup de cœur – ceux qui m'ont profondément aidé dans mon propre développement personnel et qui ont aussi fait une différence dans la vie de plusieurs de mes clients. J'espère qu'ils pourront t'inspirer à ton tour et t'accompagner vers encore plus de bonheur.

1. Le pouvoir de l'intention du Dr Wayne W. Dyer
2. Penser comme un moine de Jay Shetty
3. Adieu ego, bonjour esprit de Michèle Cyr
4. Avalez le crapaud ! de Brian Tracy (le meilleur livre que je connais pour moins procrastiner)
5. Le pouvoir du moment présent d'Eckhart Tolle
6. Loi de l'attraction : mode d'emploi de Slavica Bogdanov

7. Miracle Morning de Hal Elrod (la méthode SAVERS pour bien commencer la journée)

8. Comment prendre de l'âge tout en ayant beaucoup d'énergie de Lise Bourbeau

9. Réveillez votre petit bouddha intérieur de Martin Bilodeau

10. Rompre avec soi-même de Joe Dispenza

11. Kilomètre zéro de Maud Ankaoua (mon roman de développement personnel préféré)

Je te souhaite de très belles lectures !

34

Chapitre bonus

Voici, en bonus, mon cadeau pour toi afin d'attirer davantage d'abondance dans ta vie :

Je t'offre ici mes huit clés qui fonctionnent à merveille pour moi, afin que tu puisses attirer tout ce que ton âme désire et dont elle a besoin.

Avec ces huit clés, tu pourras mettre en action la loi de l'attraction et attirer l'abondance dont tu as besoin. Et cette abondance peut toucher toutes les sphères de ta vie : finances, santé, relations (famille, amis, travail), temps, activités, voyages et loisirs.

Parmi ces huit clés, certaines ont déjà été abordées plus tôt dans ce livre. Je les reprends ici brièvement, sans trop les développer, parce qu'elles jouent un rôle essentiel dans la création d'abondance et de bonheur.

1) La loi de la vibration

Tout dans l'univers vibre, tout est énergie, tes pensées, tes paroles, tes actions. Tu attires à toi les personnes, les événements, les circonstances étant sur la même fréquence vibratoire que celle que tu émets.

Donc, comme je l'ai mentionné dans le chapitre précédent, augmente ton taux vibratoire en étant le plus souvent dans la paix, la joie et l'amour afin d'attirer le plus de positif.

« Fais comme si tu l'avais et tu l'auras » – Deepak Chopra

2) La pleine conscience

La pleine conscience consiste à sortir du pilote automatique pour devenir attentif aux signes et aux synchronicités qui se présentent sur ton chemin – ces messages qui, contrairement aux apparences, ne sont jamais de simples hasards.

Je te donne un exemple parmi tant d'autres :

Il y a presque un an, je suis devenu ami sur Facebook avec Johanne, qui publie chaque jour de magnifiques photos d'endroits à travers le monde. Environ six mois après notre première connexion, elle a publié une photo splendide de cerisiers en fleurs au Japon. Spontanément, je lui ai demandé : « Sais-tu où c'est ? » Elle m'a répondu : « Oui, c'est au Japon, et c'est un endroit où j'aimerais vraiment aller ». Je lui ai alors dit que ce pays figurait aussi sur ma liste de voyages rêvés. Depuis, une belle amitié s'est développée entre nous, et nous avions même prévu de faire, un jour, une croisière ensemble au Japon. En plus, Johanne travaille en soins énergétiques, un domaine qui rejoint naturellement le mien.

Quel beau signe de l'Univers j'ai su reconnaître en écoutant ma petite voix intérieure.

3) Dire oui à tout

Je sais que cette clé t'a fait sourire…

Lorsque l'on te propose quelque chose – surtout si c'est nouveau pour toi et que l'occasion ne se représentera peut-être pas – dis oui. On ne sait jamais où une expérience peut te mener. Il en va de même pour les personnes qu'on souhaite te présenter : une rencontre peut parfois ouvrir des chemins insoupçonnés.

C'est cela, avoir une ouverture d'esprit et faire des choses différentes pour obtenir des résultats différents. Il y a plus de probabilités que cela t'apporte quelque chose de bénéfique plutôt que de rester assis chez toi.

4) La gratitude

Il est important de cultiver la gratitude régulièrement, à plusieurs moments de ta journée. Elle nourrit le positif déjà présent dans ta vie – cette forme d'abondance qui, en retour, en attire encore davantage.

5) La supervision des pensées

Selon plusieurs études, nous aurions en moyenne 60 000 pensées par jour. Certaines sont positives et d'autres, négatives.

Nous avons toujours le choix de voir le verre à moitié plein ou à moitié vide. Et plus nous choisissons de regarder la vie avec positivité, plus nous attirons naturellement à nous du positif – et donc, de l'abondance.

N'oublie pas que tu as toujours le choix de tes pensées. Prendre conscience que tu es le seul responsable de ta vie est une force immense.

Truc numéro 1 : lorsqu'une pensée négative te vient à l'esprit, rappelle-toi que tu peux choisir comment y réagir. Deux options positives s'offrent à toi… et une seule t'éloigne de ton bien-être.

L'option consiste à entretenir la pensée et à la laisser se déployer encore davantage. Les deux options positives, que je t'encourage à privilégier, sont les suivantes : d'abord, te dire « stop » et passer à autre chose ; ensuite, transformer cette pensée en quelque chose de positif.

Truc numéro 2 : Mets un bracelet ou un élastique à ton poignet. Chaque fois qu'une pensée négative te vient à l'esprit, tire sur ton bracelet ou ton élastique pour en prendre conscience, puis choisis l'une des deux options positives pour y réagir.

Il se peut qu'au début, ton poignet devienne rouge. Hihi, n'y va pas trop fort. Et rassure-toi : ce sont souvent les mêmes pensées qui reviennent en boucle. Tu constateras donc rapidement des améliorations lorsque tu pratiqueras cet exercice, simple mais très efficace.

6) La sortie de la zone de confort

Pour attirer davantage d'abondance, essaie de faire les choses différemment : pratiquer le yoga avec des gens de cœur, marcher ou méditer en groupe, aller au gym à des heures inhabituelles, ou encore offrir un sourire ou un bonjour aux personnes que tu croises.

7) L'accueil inconditionnel

J'ai développé l'habitude d'accueillir et d'accepter chaque nouvelle, qu'elle soit positive ou négative. Je prends d'abord le temps de la recevoir telle qu'elle est, puis je décide ensuite de la façon dont je veux y répondre.

J'agis ainsi pour éviter de m'inquiéter inutilement face aux événements extérieurs. Tu verras qu'entre ce que tu crois vouloir et ce que tu n'obtiens pas tout de suite, il y a souvent quelque chose de mieux qui se prépare pour toi, soit immédiatement, soit à plus long terme.

Par exemple, au début de la vingtaine, j'ai passé trois entrevues pour le même poste, trois années de suite, sans jamais l'obtenir. Quelques mois plus tard, j'ai postulé pour un poste encore plus difficile à décrocher, dans un domaine que je connaissais peu. Cette fois, j'ai été sélectionné – et ce poste s'est révélé être bien meilleur pour moi.

Lors du week-end du Salon de l'Harmonie à Granby, il y a plus de quatre ans, j'ai rencontré Maude et Marjorie, avec qui je fais du coaching depuis ce temps. J'avais deux autres activités en apparence plus intéressantes que je voulais faire ce week-end-là et que je ne pouvais plus faire finalement. Je me suis donc réajusté pour faire mon plan C qui s'est avéré extraordinaire-un véritable WOW. En plus, Maude est devenue ma conjointe lors des deux premières années et ensuite une excellente amie. Et depuis quatre ans, j'en suis encore profondément reconnaissant. Fais confiance en l'Univers : tant de personnes ont perdu leur emploi pour ensuite trouver quelque chose d'encore mieux par la suite, qui leur convenait davantage.

8) La croyance supportante

Reporte-toi au chapitre sur les croyances. Je t'invite à formuler une croyance forte, que tu pourras répéter régulièrement. Tu pourrais même t'en faire un mantra, si tu le souhaites.

Comme tu le sais, je me dis régulièrement : « Sky is the limit ». Je crois que je peux tout avoir et tout faire en me répétant cette phrase.

Voici d'autres phrases intéressantes à se répéter :

- Il n'y a rien à mon épreuve
- Je peux tout réussir
- Tout est possible

Quelle est ta phrase personnelle ?

Réponse :

___

___

Quelles sont les deux clés qui résonnent le plus avec toi et que tu mettras en pratique ?

Réponse :

___

___

Pour conclure ce chapitre, sache que si tu mets ces pratiques en œuvre, en t'appuyant sur les deux listes que tu as dressées au chapitre 6, tu ouvriras encore davantage la porte à l'abondance.

Conclusion

En tant qu'humains, nous traversons tous des cycles : des hauts et des bas qui peuvent durer des heures, des jours, des semaines, parfois même des mois ou des années. Tout comme la marée qui monte et se retire, comme les vagues qui viennent et repartent, comme le jour succède à la nuit, comme l'inspiration suit l'expiration. J'espère du fond du cœur qu'avec les outils que je t'offre dans ce livre, tu puisses goûter davantage aux moments de lumière. Et lorsque tu traverseras un bas, je te souhaite qu'il soit plus bref et plus doux que ceux d'avant, et que tu te sentes mieux équipé pour le vivre.

Et si, un jour, tu vis un bas duquel il te semble difficile de te sortir, contacte-moi : ce sera un plaisir pour moi de t'aider. N'oublie jamais la phrase suivante :

« Le suicide, c'est choisir une solution permanente à un problème qui n'est que temporaire. »

En ce qui me concerne, j'utilise évidemment tous ces outils au besoin et je considère que je vis régulièrement dans le bonheur. Comme tout être humain, il m'arrive moi aussi de traverser de petits cycles bas. Quand cela se produit, je les accueille et je les accepte en sachant très bien qu'ils ne sont que de passage, ce qui m'aide à les vivre plus sereinement. Lors du décès de ma mère, le

18 juin 2023, j'ai d'ailleurs vécu un moment paradoxal : j'étais profondément triste de la perdre, tout en ressentant en moi un véritable calme intérieur. Je me sentais rempli de gratitude d'avoir eu cette mère qui a contribué à faire de moi l'homme que je suis devenu, animé par le désir d'aider son prochain.

Je t'invite aussi à revenir à ce livre un jour : comme tu auras évolué, tu y percevras sans doute de nouvelles nuances et tu n'y remarqueras plus les mêmes choses qu'à ta première lecture. Et si tu connais une personne qui pense au suicide, sois présent pour elle et n'hésite surtout pas à lui dire cette phrase que je viens de mentionner.

Remerciements

Je remercie d'abord mes parents pour tout l'amour inconditionnel qu'ils m'ont donné et pour leur dévouement sans faille. Grâce à eux, je n'ai jamais manqué de rien durant toutes ces années passées dans notre 5 ½ de Montréal-Nord, où j'ai vécu de mes 6 à 21 ans.

Je remercie également mon père pour le précieux conseil qu'il m'a donné : étudier, afin de ne pas avoir à exercer un travail aussi exigeant que celui qu'il a accompli pendant 35 ans comme soudeur.

Ma mère, pour tous ces moments de qualité passés en sa compagnie, pour sa passion d'apprendre, sa curiosité, son amour de la lecture et, surtout, sa capacité à apprécier les choses simples de la vie. Elle s'émerveillait autant devant un moineau qu'un pigeon, un pissenlit ou un ciel bleu.

Ma sœur, avec qui j'ai toujours partagé une belle relation et une grande complicité. Je suis fier de son parcours : en tant que mère, elle m'a offert deux adorables nièces, Et sur le plan professionnel, elle est devenue une excellente enseignante en adaptation scolaire puis une directrice d'école remarquable.

Mes deux nièces, qui terminent toutes les deux l'université pour devenir enseignantes. L'aînée, une véritable vieille âme, se dirige vers l'adaptation scolaire, comme sa mère. La plus jeune, qui excelle dans ses études, deviendra enseignante en sciences.

Merci à tous mes amis et à mes conjointes pour leur contribution, de près ou de loin, à ma vie et à ce livre.

Merci à Nathalie, à Hélène, à Véronique et à Dominique, qui m'ont aidé tout au long de l'écriture de ce livre.

Merci à Geneviève Young d'avoir rédigé la préface de mon livre, et de maintenant faire partie de ma vie.

Bibliographie

Dyer, Wayne W. Le pouvoir de l'intention, J'ai lu, 2006.

Chopra, Deepak. Les 7 lois spirituelles du succès, J'ai lu, 2004.

Cyr, Michèle. Adieu ego, bonjour esprit, Guy Saint-Jean, 2017.

Michaud, Christine. Mon projet bonheur, Édito, 2016.

Ware, Bronnie. Les cinq plus grands regrets au moment de la mort, Le Dauphin Blanc, 2013.

Blouin, Daniel. Sortie de zone, Le Dauphin Blanc, 2014.

Pilote, Marcia. Lâcher prise, Béliveau, 2018.

Shetty, Jay. Penser comme un moine, Guy Trédaniel, 2020.

Hawkins, DR. Lâcher prise, Guy Trédaniel, 2023

www.ingramcontent.com/pod-product-compliance
Lightning Source LLC
LaVergne TN
LVHW020717110826
845149LV00012B/2309

* 9 7 8 2 9 8 2 4 4 3 2 0 4 *